NATIONAL GEOGRAPHIC
lonely planet

FÜR ELTERN VERBOTEN!

ROM

Der cool verrückte Reiseführer

Klay Lamprell

INHALT

ICH HÄTTE MIR WAS WÄRMERES ANZIEHEN SOLLEN …
NA? WER IST HIER DIE GRÖSSTE!?
ISS MICH BITTE NICHT ZUM ABENDBROT!

Das Kolosseum
Das Forum
Monumento Vittorio Emanuele II

MMH ... SCHMECKT LECKER!
KEINER WILL MEIN FREUND SEIN! WARUM NUR?
GIB MIR MEIN HERZ ZURÜCK!
DAS SCHLECK' ICH IM NU WEG!

Das Pantheon
Sant Agnese in Agone
Petersdom
Engelsburg

WER SICH NICHT BENIMMT, DEN WERF' ICH DEN LÖWEN ZUM FRASS VOR!

FÜR ELTERN VERBOTEN!

DIES IST KEIN NORMALER REISEFÜHRER.

Und er ist definitiv für Eltern verboten!

DIES IST DIE WAHRE GESCHICHTE über eine der berühmtesten Städte der Welt – Rom. In diesem Buch wirst du faszinierende Geschichten über **Gladiatoren** in der Antike, Fußballgötter von heute, chaotische Verkehrsverhältnisse, leckeres Essen und **schaurige Anekdoten** aus der Vergangenheit lesen.

Entdecke coole Storys über grausige Kämpfe mit **wilden Tieren**, unheimliche Steinstatuen, haarsträubende Wagenrennen und Glücksbrunnen. Dabei werden dir flotte Motorroller, **Modefreaks**, uralte Brücken und echte italienische **Eiscreme** begegnen.

Dieses Buch zeigt dir ein **ROM**, von dem deine Eltern wahrscheinlich noch nie gehört haben!

COOL, (K)EIN GLADIATOR ZU SEIN

Sklaven, Verbrecher und Kriegsgefangene konnten in der Gladiatorenschule landen. Dort bekamen sie drei Mahlzeiten am Tag und die Chance, groß rauszukommen. Aber wenn sie Pech hatten, überlebten sie die Kämpfe im Kolosseum nicht. Wenn doch, erledigten das harte Training und die Verletzungen über die Jahre sie noch vor ihrem 30. Geburtstag.

WAFFENWAHL

Es gab um die 30 Arten von Gladiatoren, die jeweils unterschiedliche Waffen und Rüstungen hatten. Schwerter waren weitverbreitet, zum Einsatz kamen aber auch Dreizacke, Lanzen und sogar Netze, die man über den Gegner warf.

Bestialisch!
Manche Gladiatoren traten gegen Löwen, Tiger, Krokodile und sogar Elefanten an. Manchmal mussten Verbrecher gegen wilde Tiere kämpfen, oder Tiere wurden aufeinander gehetzt.

Starruhm
Gladiatoren waren die Stars des alten Rom. Die besten waren sehr berühmt, so wie Spartakus, der Anführer eines Sklavenaufstands, Marcus Attilius und Flamma aus Syrien. Selbst die Kaiser Commodus und Caligula zog es zum Kampf in die Arena.

Die Macht der Menge
Wenn ein Gladiator verwundet war oder sich ergab, entschied die Menge über sein Schicksal: Daumen hoch hieß, er hatte gut gekämpft und blieb am Leben. Daumen runter bedeutete sein Todesurteil.

Mordsgewinne
Da es teuer war, Gladiatoren auszubilden und zu verpflegen, durften sie nicht im Kampf sterben, es sei denn, der Veranstalter der Kämpfe zahlte dem Ausbilder eine Menge Geld. Je mehr Tote an einem Kampftag, desto spendierfreudiger soll der Veranstalter gewesen sein.

WAS NOCH?

Das Kolosseum – www.roma-antiqua.de

VATERFIGUREN

Der Legende nach wurden die Zwillinge von einem Hirten aufgezogen. Ihr echter Vater soll der Kriegsgott Mars gewesen sein … oder der heldenhafte Herkules.

WARUM ROM, NICHT REM?

Es waren einmal zwei Zwillingsbrüder namens Romulus und Remus, die als Babys ausgesetzt wurden. Eine Wölfin nahm sich ihrer an und zog sie eine Weile auf. Später kamen sie bei einem Hirten unter. Als junge Männer stritten die beiden darüber, wo sie eine Stadt bauen sollten. Im Zorn tötete Romulus seinen Bruder Remus. Wahrscheinlich ist das der Grund, warum Rom heute nicht Rem heißt.

Streit unter Brüdern
Die Brüder bauten ihre Städte auf verschiedenen Hügeln. Remus kam rüber zu Romulus und lachte über dessen niedrige Stadtmauer. Wutentbrannt brachte Romulus ihn um!

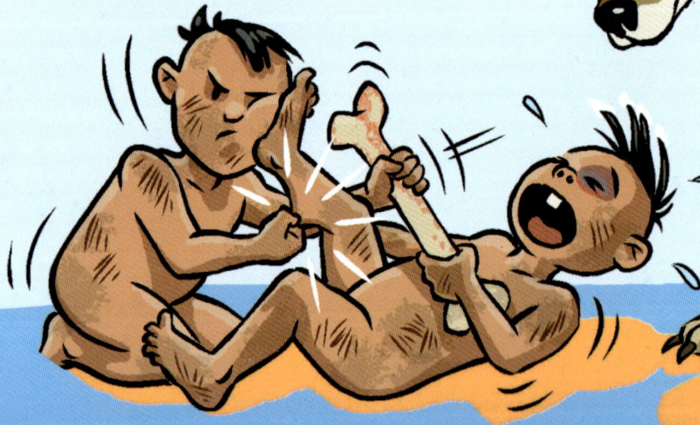

SCHON GEWUSST?

- ✯ Die Mutter der Brüder war eine Priesterin.
- ✯ Die beiden wurden in einem Korb auf dem Tiber ausgesetzt.
- ✯ Ein Specht half der Wölfin, sie zu füttern.
- ✯ Romulus baute eine Stadt auf dem Hügel Palatin.
- ✯ Remus bevorzugte den Aventin.

Die „Kapitolinische Wölfin"

„Nur" 800 Jahre alt
Lange glaubte man, dass die berühmte Bronzeskulptur der „Kapitolinischen Wölfin" Tausende von Jahren alt sei und vielleicht aus dem 5. Jahrhundert v. Chr. stamme. Dann fanden Wissenschaftler heraus, dass sie doch erst vor rund 800 Jahren angefertigt wurde.

Die Wölfin ist auf dem Wappen des Fußballvereins A.S. Rom zu sehen.

Der letzte Kaiser
Der letzte römische Kaiser hieß ebenfalls Romulus. Sein voller Name, Romulus Augustus, setzt sich aus dem Namen des Stadtgründers und dem des ersten römischen Kaisers zusammen. Seine Herrschaft dauerte nicht mal ein Jahr und läutete den Untergang des alten Rom ein.

Alles unter einem Dach
Die ersten römischen Häuser waren sehr einfache Rundhütten mit Strohdach, einem Pfeiler und einer Feuerstelle in der Mitte.

WAS NOCH?

Museum der Römischen Zivilisation – en.museociviltaromana.it

ALLE WEGE FÜHREN ...

... nach Rom! Die Römer begriffen schnell, dass sie nur mit guten Straßen die Welt erobern konnten. Die Via Appia war ihr erster Versuch, einen Verkehrsweg zu bauen, der auch für große Armeen geeignet war. Sie führte von Rom bis zur Hafenstadt Brindisi. Von dort sind die Römer nach Ägypten, Griechenland und Nordafrika gesegelt. Mithilfe dieser Straße konnten sie ihre Macht weiter ausbauen, deshalb gaben sie ihr den Namen Regina Viarum, „Königin der Straßen".

Riesiges Netz
Die Via Appia war die erste Straße eines Verkehrsnetzes, das insgesamt über 120 000 km umfasste. Daher kommt das Sprichwort „Alle Wege führen nach Rom". Denn während des Römischen Reichs führten tatsächlich alle Wege nach Rom!

Die Via Appia musste viel aushalten.

ECHT STARK

Bevor die Via Appia gebaut wurde, gab es nur Staubpisten. Um eine Straße anzulegen, die das Gewicht von großen Armeen, schweren Wagen, Pferden und Ochsen aushielt, musste man gründlich planen, und für den Bau brauchte man viele Sklaven. Außerdem musste die Straße glühende Hitze und Regenfälle überstehen.

Die Via Appia heute
Obwohl die Via Appia bereits 312 v. Chr. gebaut wurde, ist ihr Verlauf bis heute zu erkennen. Einige Abschnitte sind sogar so gut erhalten, dass man über das Originalpflaster spazieren kann!

Die Arbeiter gruben ein Fundament …

… und legten Steine hinein.

Meilensäulen gaben die Entfernung an.

GUTE ARBEIT

- ☆ Die Römer statteten die Straße mit Regenrinnen aus.
- ☆ Sie bauten die Straße mit Materialien aus der Umgebung, zum Beispiel mit *basoli* – Steinen aus erkalteter Lava.
- ☆ Die Pflastersteine wurden in polygonale (vieleckige) Formen geschnitten. So konnte man sie wie Puzzleteile ineinanderstecken.
- ☆ Ein Meilenstein, der sogenannte *miliarium*, markierte eine römische Meile (entspricht rund 1,5 km).

WAS NOCH?

Offizielle Website des Regionalparks Via Appia – www.parcoappiaantica.it/en

KIRCHENMODE

Menschen, die für religiöse Organisationen arbeiten, tragen ganz spezielle Kleidung. Die Tracht der römisch-katholischen Glaubensschwestern und Nonnen nennt man Habit. Die verschiedenen Gruppen innerhalb der katholischen Kirche, sogenannte Orden, haben jeweils ein eigenes Habit.

GÖTTLICHE ANDENKEN

Religiöse Souvenirs sind in Rom sehr angesagt – egal ob Kerzen und Kalender, Schlüsselanhänger, Figuren, Schneekugeln oder Briefbeschwerer!

Papstkrone

Trendsetter

Im 16. Jahrhundert lehnte Papst Pius V. es ab, wie seine Vorgänger rote Roben zu tragen und wählte stattdessen einfaches Weiß. Seither kleiden sich die Päpste in Weiß.

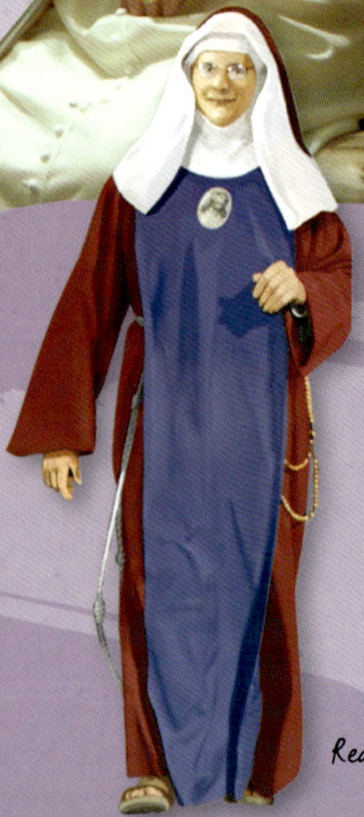

Redemptoristin

Birgittin

Franziskanerin

ORDENS-CHIC

Das Habit eines Ordens hängt davon ab, welchen Heiligen er verehrt und welche Ziele er verfolgt. Manche Orden tragen heute keine Trachten mehr, aber in Rom sind noch viele zu sehen.

Streifenpolizist
Die Wachen des Papstes tragen die Farben der einst mächtigen Medici-Familie, seitdem Giovanni di Lorenzo de' Medici 1513 zum Papst Leo X. ernannt wurde.

Nonnentreff
Jeden Mittwoch und Sonntag versammeln sich Nonnen aus verschiedenen Orden auf dem kreisrunden Petersplatz im Vatikan. Wie viele andere Zuschauer wollen sie dort den Segen des Papstes empfangen.

WAS NOCH?

Nonnen kaufen ihre Ordenstrachten in der Via dei Cestari.

Was für eine Aussicht!
Der italienische Präsident blickt von seinem Amtssitz, dem Quirinalspalast, auf diesen antiken römischen Obelisken.

Direkt aus dem alten Ägypten
Der Obelisk auf der Piazza della Rotonda stand mal in Heliopolis. Pharao Ramses II. ließ ihn vor 3000 Jahren dort aufstellen.

KEINE IST WIE DIE ANDERE

Denk nur nicht, dass du dir die anderen Säulen sparen kannst, wenn du eine gesehen hast! Denn in jeder Säule schlummert die Geschichte einer Epoche, einer Person, eines Ortes oder eines historischen Ereignisses. Spitze, eckige Säulen werden auch Obelisk genannt – und davon gibt's in Rom mehr als irgendwo sonst. Einige sind uralt, andere jünger, aber alle sind großartig!

Eine lange Geschichte
Der Obelisk in der Mitte des Petersplatzes im Vatikan stand in Ägypten, bis Kaiser Caligula ihn nach Rom holte.

Gigant aus Granit
Der Agonalis-Obelisk wurde ursprünglich für Kaiser Domitian aufgestellt. Heute schmückt er einen Brunnen auf der Piazza Navona.

EIN BISSCHEN GESCHICHTE

Die alten Römer liebten ägyptische Bauwerke. Deshalb bauten sie gewaltige Schiffe, um Obelisken von Alexandria nach Rom übers Mittelmeer zu schaffen. Dort setzten sie riesige Kräne ein, um die Säulen in der Stadt aufzustellen.

Römische Siegessäule
Die Trajanssäule ist stolze 35 m hoch. Sie wurde errichtet, um zwei gewonnene Kriege Kaiser Trajans zu feiern.

Geschichten in Stein
2500 Figuren wurden in die Säule gemeißelt. Sie erzählen von den Siegen der Römer über die Daker.

Von hier kann man rausgucken
Die Trajanssäule ist hohl, und eine Wendeltreppe führt im Innern nach oben. Wenn man die 185 Stufen schafft, gibt's zur Belohnung eine tolle Aussicht!

WAS NOCH?

Trajanssäule – www.roma-antiqua.de/antikes_rom/kaiserforen/trajanssaeule

VOM KAPUZINER ZUM CAPPUCCINO

Die Kapuziner standen Pate bei der Namenswahl für den Cappuccino. Doch was haben Mönche mit Kaffee zu tun? Der Cappuccino-Schaum sitzt wie eine Haube auf der Tasse und erinnert an die Kapuzen der Kapuziner. Aber nicht nur deshalb sind die Mönche berühmt. Die Wände und Decken ihrer Gruft in Rom sind mit den Knochen von 4000 Ordensbrüdern geschmückt, die zwischen 1500 und 1870 starben. Einige der Skelette haben sogar noch Gewänder an!

KAPUZILEIN

Die Kapuziner heißen so, weil sie eine Kapuze trugen, italienisch *cappuccio*. Mit der Endung „-ino" bildet man die Verkleinerungsform im Italienischen. Cappucc+ino heißt also „kleine Kapuze". Denk daran, wenn du mal wieder jemanden siehst, der einen Cappuccino schlürft!

Sehr vorbildlich
Die Kapuzinermönche folgen dem Beispiel des heiligen Franziskus, der vor rund 800 Jahren ein sehr einfaches Leben führte und sich ganz den Armen und Kranken widmete.

Kapuzinerbart
Kapuzinermönche sind auch für ihre langen Bärte bekannt. (Aber nur die lebendigen tragen welche!)

Skelette zur Erinnerung
Die Mönche verbringen immer wieder Zeit in der Gruft, um sich daran zu erinnern, wie vergänglich das Leben ist.

Wie beruhigend!
In der Gruft steht geschrieben: „Was du bist, waren auch wir einst; was wir sind, wirst auch du einst sein."

GROTTIG

Die Gruft der Kapuzinermönche befindet sich unter der Kirche Santa Maria della Concezione. Sie ist in verschiedene Räume unterteilt. In einem ist ein Schädel mit Flügeln aus Schulterblättern zu sehen. Es gibt auch eine Gruft der Beckenknochen und eine Gruft der Beinknochen – ganz schön gruselig!

WAS NOCH?

Die Website der Kapuziner – www.cappucciniviaveneto.it/cappuccini_ing.html

DER VATIKAN

Mitten in Rom, umgeben von hohen Mauern, liegt der kleinste Staat der Welt. Er ist im Besitz der katholischen Kirche und wird vom Papst regiert. Im Vatikan leben nur 800 Menschen, unter ihnen auch der Papst selbst, der im Apostolischen Palast residiert.

SCHON GEWUSST?

- Der Papst ist auch der Bischof von Rom.
- Jeder Papst trägt den goldenen „Fischerring".
- Viele Päpste sind im Petersdom begraben.

Rauchzeichen
Wenn ein Papst stirbt, bestimmen einige Kardinäle in einer geheimen Wahl seinen Nachfolger. Haben sie sich geeinigt, werden die Stimmzettel verbrannt – mit Chemikalien, die weißen Rauch erzeugen. Wenn nicht, steigt schwarzer Rauch auf.

Wo geht's lang?
Es gab bislang 21 Ökumenische Konzile der katholischen Kirche. Das sind Versammlungen, in denen über kirchliche Lehrfragen beraten wird. Die letzte fand vor knapp 50 Jahren statt.

Päpstliches Panorama
Das Dienstauto des Papstes wird „Papamobil" genannt, denn der Papst heißt auf Italienisch „Papa". Vom schützenden Glasaufbau aus winkt er bei öffentlichen Auftritten den Gläubigen zu.

SCHLÜSSELFRAGE

Das Wappen des Vatikans zeigt zwei Schlüssel, die schon seit Jahrhunderten den Heiligen Stuhl repräsentieren. Der goldene Schlüssel steht für den Himmel, der silberne für den Papst.

Quer durch den Garten
Das päpstliche Wappen wurde in einer Gartenanlage in der Nähe der Hauptverwaltung des Vatikans mit Blumen nachgebildet. Fast die Hälfte der Fläche des Vatikans ist von Gärten bedeckt, die schon seit dem Mittelalter existieren. In den meisten stehen auch Brunnen und Skulpturen, und es gibt sogar einen Hubschrauberlandeplatz.

Kleines Land, großer Stuhl
Der Vatikan ist der kleinste Staat der Welt und existiert erst seit 1929. Doch der Heilige Stuhl – so etwas wie die Regierung der katholischen Kirche – besteht schon seit fast 2000 Jahren.

WAS NOCH?

Die offizielle Website des Vatikans – www.vaticanstate.va

Grunz, wuff, määhh …
Jedes Jahr kommt es in Rom zu seltsamen Versammlungen mit den unterschiedlichsten Haus- und Bauernhoftieren. Die Tierhalter reisen extra an, um ihre Lieblinge von einem Priester segnen zu lassen. Der Schutzheilige der Tiere, Antonius der Einsiedler, ist übrigens auch der Patron der Schlachter!

ALLES FÜR DIE KATZ

Die Katzen in Rom leben königlich. Sie stehen unter gesetzlichem Schutz und bekommen immer was zu essen – von den vielen Restaurants oder von den *gattare*. Das sind Katzenliebhaberinnen, die sich um streunende Miezen kümmern. Auch Hunden geht es in Rom nicht schlecht. Sie haben sogar Zutritt zu Läden und Restaurants!

Kampfhunde
Die alten Römer statteten ihre Heere mit Kampfhunden aus, die sie, ausgehungert und mit Dornenhalsbändern bewaffnet, in die Schlacht schickten. Zuerst benutzten sie dafür eine Rasse namens Molosser, bis sie in Großbritannien die noch stärkeren Pugnaces Britanniae entdeckten.

KATZE MÜSSTE MAN SEIN

Auf vielen römischen Ansichtskarten sind Katzen zu sehen: Sie sonnen sich auf Autos und schlafen zwischen Ruinen oder Statuen. Warum? Weil es hier tatsächlich so viele Katzen gibt! Seit über 20 Jahren ist es verboten, streunende Katzen zu töten. Deshalb wimmelt es in der ganzen Stadt von ihnen.

Ein Heim für Katzen
Auf dem Platz Largo di Torre Argentina stehen die Ruinen des Pompeji-Theaters, in dem Kaiser Julius Cäsar erstochen wurde. Und hier gibt es auch ein Heim für Katzen. Es wird von freiwilligen Helfern betrieben, die sich um bis zu 300 streunende oder verletzte Katzen kümmern.

WAS NOCH?

Ein Zufluchtsort für Katzen – www.romancats.com/index_de.php

KLEIDERRAUSCH

Egal, ob im coolen Kostüm, in Shorts, Toga oder T-Shirt – die Römer haben schon immer ganz besonders auf ihre Kleidung geachtet. Stoffe, Schnitte und Trends kommen und gehen, aber eines hat sich über die Jahrhunderte nicht geändert: Ein Römer verlässt sein Haus nie ohne das passende Outfit!

Immer modisch!
Römer sind stets gut gekleidet: die Jugendlichen auf ihren Mopeds oder auf den Piazzas genauso wie die Mütter und Väter im Kostüm oder Anzug bei der Arbeit oder im Restaurant.

Festlich
Im alten Rom trugen die Männer bei Feierlichkeiten eine Toga mit roten Bordüren, die Frauen eine Tunika mit blauen Bordüren.

Ganz in Weiß!
Zu offiziellen Anlässen trugen Männer eine weiße Toga. Wenn ein Junge zum ersten Mal eine weiße Toga anlegte, war das ein großes Ereignis.

Nur für VIPs
Wichtige Leute wie Feldherren, Richter und Kaiser trugen eine lilafarbene Toga, die mit Gold verziert war.

Taschenspielerei
Römerinnen sind für ihren Chic weltberühmt. Besonders sorgfältig wählen sie ihre Handtaschen aus – man sieht sie in allen Formen und Größen, aber immer passend zum restlichen Outfit!

Für dunkle Zeiten
Zwar trugen auch einige Kaiser schwarze Togen, aber in der Regel kleideten sich nur Trauernde in Schwarz.

Römersandalen
Die alten Römer trugen zu Hause leichte Ledersandalen. Soldaten und Gladiatoren hatten festere Sandalen. Die moderne Version der Römersandale ist heute auf der ganzen Welt beliebt.

Wickelmode
Nur die Bürger Roms durften eine Toga tragen, sie hatten aber nicht immer Lust dazu. Die Toga aus Wolle war oft zu warm, nicht leicht anzulegen und unbequem. Deshalb schlüpften viele Römer, wenn möglich, lieber in die leichtere, kürzere und bequemere Tunika.

Alle Roben führen nach Rom
Das modische Zentrum Roms ist die Via Condotti, aber auch die Via Veneto ist eine schicke Adresse.

WAS NOCH?

Kleidung im alten Rom – www.latein.ch/leben/kleidung/index.php

Heiß und lecker!
Wenn es kälter wird in Rom, werden auf der Piazza Navona geröstete Esskastanien verkauft. Sie schmecken ein wenig wie Süßkartoffeln.

Die Piazza Navona war ursprünglich eine Sportarena mit Platz für 30 000 Zuschauer. Sie wurde von Kaiser Domitian gebaut, der ihr den originellen Namen „Stadion des Domitian" gab. Heute ist sie ein belebter Platz – beliebter Treffpunkt von Einheimischen und Spielwiese für Straßenkünstler aller Art.

Badespaß in der Stadt
Als das antike Stadion im 17. Jahrhundert immer mehr verfiel, erweckte Papst Innozenz X. den Platz zu neuem Leben. Er ließ ihn jedes Wochenende im August mit Wasser fluten, und reiche Leute planschten darin.

LOGENPLÄTZE

Das Stadion des Domitian, auch Circus Agonalis genannt, wurde für Wettrennen und andere athletische Wettkämpfe genutzt. Gelegentlich wurde es auch geflutet, um Seegefechte nachzustellen. Die Zuschauer hatten von allen Plätzen eine gute Sicht, da die untersten Ränge 4 m und die obersten 30 m hoch lagen.

In Form geblieben

Domitian baute sein Stadion vor rund 2000 Jahren. Das Bauwerk ist längst verschwunden, aber seine Form ist immer noch zu sehen. Dort, wo die Athleten einst auftraten, liegt heute der Platz. Die Häuser ringsum stehen dort, wo die Zuschauer saßen.

Der Grundriss des Domitian-Stadions.

ACTION!

Auf der Piazza Navona verdienen sich jede Menge Straßenkünstler ihr Brot. Neben den „Lebenden Statuen" – ganz in Weiß, Silber oder Gold angemalte Gestalten, die starr wie Steinstatuen dastehen – sieht man Jongleure, Clowns, Gitarrenrocker, Saxophonspieler und coole Tänzer.

Woher stammt der Name?

„Navona" leitet sich vielleicht vom Namen der Spiele ab, die hier stattfanden – den Agonen. *In agone* könnte zu *n'agone*, *navone* und schließlich *navona* geworden sein. Oder der Name kommt von *naumachia*, der Bezeichnung für eine nachgestellte Seeschlacht.

WAS NOCH?

Rundumblick – www.360cities.net/image/piazza-navona

SAUBER BLEIBEN!

Stell dir vor, du müsstest mit 300 bis 1500 Freunden zusammen aufs Klo gehen! So lief das im alten Rom: Wer baden oder auf Toilette gehen wollte, besuchte die nächstgelegene öffentliche Therme (Badehaus). Dort gab es meistens eine Sporthalle, ein Schwimmbecken, einen Massageraum, eine Sauna und ein oder zwei Restaurants. Man traf dort Freunde, Geschäftspartner oder vielleicht sogar die Liebe seines Lebens.

BADEREGELN

Die Thermen hatten drei Eingänge – einen für Männer, einen für Frauen und einen für Sklaven. Männer und Frauen durfte in manchen Häusern zusammen planschen, aber meistens besuchte sie das Bad zu unterschiedlichen Tageszeiten. Kinder hatten keinen Zutritt – mussten römische Kinder denn nie baden?

Gemeinsame Geschäfte
Hört sich krass an, war aber so! Die Römer gingen gemeinsam auf's Klo. Statt Toilettenpapier benutzten sie einen Schwamm, der auf einen Stock gespießt war. Die Fäkalien wurden über Abwasserkanäle fortgespült.

Rutschgefahr!
Nur die Reichen und Wohlhabenden hatten Toiletten im Haus oder konnten sich den Klo-Besuch in der Badeanstalt leisten. Die meisten Römer benutzten Kübel, die nach dem Geschäft einfach auf der Straße ausgeleert wurden!

EIN BISSCHEN GESCHICHTE

- Es gab damals Heiß- und Kaltwasserbecken und Dampfbäder.
- Sklaven beheizten das Wasser und die Räume mit Holzfeuern.
- Masseure rieben die Haut der Badegäste mit Öl ein.
- Es gab einst rund 900 Bäder in Rom.

Szenetreffpunkt
Zu den Thermen gehörten mehrstöckige Gebäude, die oft mit Mosaiken und Statuen geschmückt waren. Es gab dort alles Mögliche – von Büchereien und Vortragssälen bis zu Modeboutiquen.

Kühle Kolonnaden
Lange überdachte Säulenreihen nennt man Kolonnaden. Die Freiluftbereiche der Thermen, wo die Leute Sport treiben konnten, waren häufig von Kolonnaden umgeben. Hier fanden zum Beispiel Ringkämpfe und Ballspiele statt. Auch Gewichtheben und Boxen waren angesagt.

WAS NOCH?

Thermen im alten Rom – www.antikefan.de/themen/thermen/thermen.html

Wahre Münze
Die meisten Abbildungen vom Kolosseum aus römischer Zeit finden sich auf alten Münzen. Manche erinnern an die Eröffnung im Jahr 80 n. Chr., andere an die Renovierung 150 Jahre später.

HARTE SCHULE

Verbrecher wurden oft zur Strafe in die Gladiatorenschule geschickt. Meistens starben sie irgendwann im Zweikampf oder in einer Gruppe, die in der Arena getötet wurde. Manchmal kamen auch Sklaven in die Gladiatorenschule. Sie konnten durch einen guten Kampf ihre Freiheit erlangen.

KOLOSSALER BLUTRAUSCH

Allein für die Eröffnungsfeier des Kolosseums wurden über 5000 Tiere und genauso viele Menschen getötet. Wilde Elefanten und Löwen aus Afrika wurden zu Tode gehetzt. Bären bekamen tagelang nichts zu fressen und wurden dann auf unbewaffnete Menschen losgelassen. Gladiatoren kämpften hier um ihr Leben, und manchmal wurde die Arena sogar mit Wasser geflutet, um blutige Seeschlachten nachzustellen.

Die Feierlichkeiten zur Eröffnung des Kolosseums dauerten 100 Tage.

Römische Zahlen

Zuschauer	50 000	Falltüren in der Arena	36
Eingänge	80	Tierkäfige	32
Höhe	50 m	Bauzeit	8 Jahre

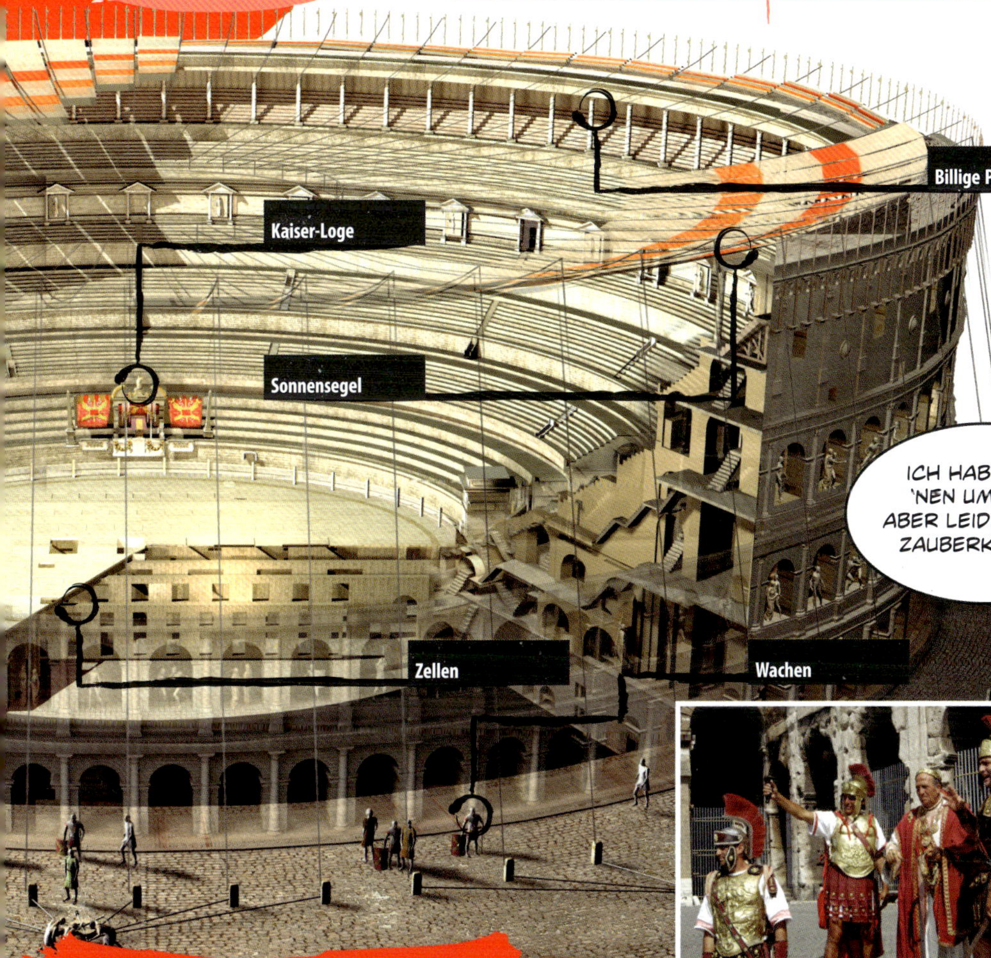

Ordnungshüter

ANTIKES MONSTRUM

Das Kolosseum wurde nach einer Statue Kaiser Neros benannt – dem 30 m hohen Colossus Neronis. „Kolossal" war das Kolosseum wirklich – es war das größte Amphitheater im Römischen Reich!

WAS NOCH?

Das Kolosseum – www.archeoroma.beniculturali.it/en/

SO EIN MÜLL!

Auf den Kopfsteinpflasterstraßen der ältesten Viertel Roms findet man überall weggeworfene Verpackungen und Zigarettenkippen. In den Randbezirken der Stadt türmt sich der Müll am Straßenrand. Abfälle auf die Straße zu werfen, ist eine alte römische Gewohnheit. Schon die alten Römer schmissen ihren Müll einfach auf die Straße und manchmal sogar aus dem Fenster. Bis heute gibt es Hügel, die fast komplett aus alten Keramikscherben bestehen.

DER HIMMEL ÜBER ROM

Die meisten Römer fahren häufig mit dem Auto. In einer so großen Stadt wie Rom sorgt diese Bequemlichkeit für starke Luftverschmutzung. Im alten Rom war es nicht viel besser: Der viele Rauch aus den Küchen und Werkstätten und von der Müllverbrennung verpestete oft die Luft und bedrohte die Gesundheit der Bevolkerung.

Lichtblick
Der Vatikan versucht, einer der ersten klimaneutralen Staaten der Welt zu werden, indem er Sonnenkollektoren und einen Solargenerator nutzt. Er plant sogar den Bau eines Sonnenkraftwerks.

Ratten lieben den römischen Müll

2010 bauten Umweltaktivisten in Rom ein ganzes Hotel aus Müll, den sie an europäischen Stränden gesammelt hatten.

Ein wachsendes Problem
Die Müllberge waren so groß, dass die Römer begannen, ihre Straßen und sogar Häuser darauf zu bauen! Weil die Müllhaufen und Straßen höher und höher wuchsen, mussten immer mehr Steine herangeschafft werden, um die Stadt nicht in ihrem eigenen Dreck versinken zu lassen.

Flotter Feger

WAS NOCH?

Römer und Touristen produzieren täglich 5000 Tonnen Abfall.

Verguckt!
Trompe l'oeil ist eine Kunstform, die manchmal auch Illusionismus genannt wird. Dabei geht es darum, den Betrachter zu täuschen. Das Wort stammt aus dem Französischen und bedeutet „Augentäuschung". Einige der besten Beispiele finden sich in Rom.

TRICKREICH

Wenn Magier einen Gegenstand aus dem Hut zaubern, lassen sich unsere Augen täuschen. Manche Architekten benutzen ähnliche Tricks, wenn sie ein Bauwerk größer oder kleiner, runder oder flacher, näher oder weiter weg erscheinen lassen wollen. Ganz schön verwirrend!

PALAST DER ILLUSIONEN

Im Palazzo Spada lässt sich eine geniale optische Täuschung bestaunen. Vom zentralen Hof zweigt ein Gang ab, der leicht ansteigt, während seine Säulen immer kleiner werden. Dadurch erscheint er viermal länger, als er wirklich ist, und die Skulptur am Ende sieht lebensgroß aus!

IM BLICKPUNKT

- Der *Trompe l'oeil*-Gang ist fast 500 Jahre alt.
- Er wurde von dem Künstler Francesco Borromini erschaffen.
- Ein Mathematiker half ihm dabei.

ACHTUNG, BISSIGER MUND!

Die Künstler und Architekten der vielen optischen Täuschungen in Rom sollten sich vor La Bocca della Verita, dem Mund der Wahrheit, in Acht nehmen. Der Legende nach beißt diese Marmorskulptur jedem Lügner die Hand ab, der dumm genug ist, sie in die Öffnung des Munds zu stecken.

Der Schlüssel zur Stadt

Schaust du durchs Schlüsselloch in einer Tür der Villa Malta, blickst du direkt auf den Petersdom. Von Bäumen und einem Garten umrankt, sieht er malerisch aus.

Hingucker

Dies ist das Innere einer Kuppel … oder? Tatsächlich ist es eine gemalte *Trompe l'oeil*-Täuschung an der flachen Decke der Sankt-Ignatius-Kirche.

WAS NOCH?

Trompe l'oeil-Täuschungen – www.gwick.ch/perspe/pictures/stich/TL.html

Beruf im Namen
Manche Straßen wurden nach dem Handwerk benannt. Die Via dei Cappellari (Straße der Hutmacher) und die Via dei Chiavari (Straße der Schlüsselmacher) liegen am Campo dei Fiori.

WEGEWIRRWARR

Heutzutage können wir uns das nicht mehr vorstellen, aber im alten Rom hatten nur wenige Leute eine Adresse. Nur ein paar Hauptstraßen trugen Namen von Bürgern oder Politikern, die den Bau der Straße bezahlt hatten. Die meisten Römer mussten umständlich beschreiben, wo sie wohnten. Was würde der Postbote wohl heute mit einer solchen Adresse anfangen: fünf Schritte vom Tempel des Pomponius, dort wo die Bäume über den Brunnen wachsen, in der Schotterstraße …?

Römische Gassen
Der kürzeste Weg ist der einfachste. Deshalb sind die alten Gassen in Rom oft sehr steil. Sie sind nur zu Fuß oder für kleine Autos passierbar.

Nur für Fußgänger
Fahrzeuge waren tagsüber innerhalb der Stadtmauern nicht zugelassen. Doch nicht jeder ging zu Fuß – reiche Frauen ließen sich in einer Sänfte herumtragen.

EIN BISSCHEN GESCHICHTE

- Als Adresse gab man eine Wegbeschreibung an.
- Manche Straßen waren in Privatbesitz.
- Es gab eine private und eine kaiserliche Post.
- Die meisten kleineren Straßen waren unbefestigt.
- Auf Italienisch heißt Straße *via*, wenn sie sehr klein ist, *viale*.

Antike Hauptstraße
Die Via Sacra, auf Deutsch „Heiliger Weg", war die breiteste Straße Roms und die Hauptstraße durch das Forum Romanum.

Auch 2000 Jahre nach ihrem Bau sind viele römische Straßen noch immer in Gebrauch.

STRASSENMEISTER

Römische Kaiser waren nicht nur Militärführer, Priester und Gesetzgeber. Sie waren auch für die Grundversorgung der Bevölkerung verantwortlich, zum Beispiel für Wasser und Straßen. Die Kaiser Nerva, Trajan, Hadrian, Antonius Pius und Marcus Aurelius waren besonders fleißig beim Bau und bei der Ausbesserung der Straßen. Gute Straßen waren sehr wichtig für den Erfolg der alten Römer.

WAS NOCH?

Stadtplan von Rom mit Suchfunktion – www.rome.info/map

DIE KATAKOMBEN

Unter der Erde von Rom erstreckt sich ein riesiges Tunnelsystem: die gruseligen Katakomben. Hier bestatteten Juden und Christen im Altertum Tausende Tote. Über Hunderte von Kilometern verlaufen Gänge mit Gräbern in den Wänden, die manchmal mehr als nur einen Leichnam beherbergen … Die meisten Höhlen sind geschlossen, aber einige sind im Rahmen einer Führung zugänglich.

Armengräber
Der weiche vulkanische Tuffstein unterhalb der Stadt härtet aus, wenn er mit Luft in Berührung kommt. Deshalb war er bestens geeignet für das Graben von Tunneln. Zum Glück! Denn die Christen und Juden, die meist arm waren und als Sklaven schuften mussten, hatten keinen anderen Ort, um ihre Toten zu bestatten.

JESUS MIT BART

In der Commodilla-Katakombe ist eines der ersten Bilder von Jesus Christus mit Bart zu sehen. Vor Entstehung dieses Bildes, fast 400 Jahre nach seiner Geburt, wurde Jesus normalerweise als junger Hirte ohne Bart dargestellt. Die Zeichen neben seinem Kopf sind der erste und letzte Buchstabe des griechischen Alphabets und symbolisieren: „Ich bin der Anfang und das Ende".

Kunstszene im Untergrund
Die dunklen, trockenen Katakomben bieten weltweit die beste Gelegenheit, um frühe christliche Kunst zu bewundern. Unterschiedliche Stile aus verschiedenen Jahrhunderten sind hier versammelt. Zu den Highlights gehören ein Bild des Propheten Jonas, der gerade ins Meer geworfen wird, und mehrere Darstellungen von Adam und Eva (inklusive Feigenblättern).

DEN BOGEN RAUS

- Es gibt in den Katakomben einige bogenförmige Gräber aus Marmor („Arkosolium").
- Ein Bogen in der „griechischen Kapelle" der Priscilla-Katakomben ist mit Fresken von biblischen Szenen verziert.
- Viele Märtyrergräber wurden zu Kapellen umgebaut und haben oft eindrucksvolle bogenförmige Eingänge.

WAS NOCH?

Die offizielle Website – www.catacombe.roma.it

RÖMISCHER RENNSPORT

Der Circus Maximus war kein Zelt mit Clowns und Seiltänzern, sondern eine Rennbahn. Wagenrennen waren total angesagt im alten Rom und ziemlich gefährlich. Rund um die Bahn versammelten sich zu den Rennen 250 000 Fans – fast doppelt so viele Zuschauer, wie in ein modernes Sportstadion passen! Heute ist nur noch eine freie Fläche übrig, auf der ab und zu Jogger ihre Runden drehen.

EIN BISSCHEN GESCHICHTE

- Ein Wagen wurde von zwei, manchmal auch vier Pferden gezogen.
- Ab und zu kamen Kamele oder Strauße zum Einsatz.
- Einmal durchbrachen Elefanten die Absperrung.
- Der Sieger bekam eine Siegerpalme und Geld.

Zirkusparty
Hin und wieder zieht der Circus Maximus noch immer die Massen an. 2006 feierten hier fast 750 000 Römer den Sieg Italiens bei der Fußballweltmeisterschaft.

Farbspiele
Reiche Leute taten sich zusammen, um Pferde und Wagen zu kaufen und Wetten zu organisieren. Es gab grüne, blaue, rote und weiße Teams, und die Fahrer waren in der Farbe ihres Teams gekleidet. So konnte die Menge dem Rennen besser folgen und ihre Lieblingswagen anfeuern.

MEHR PS

Um die Zuschauer bei Laune zu halten, wurden bis zu sechs oder sieben Pferde vor einen Wagen gespannt. Um noch eins draufzusetzen, mussten die Fahrer zu Kaiser Neros Zeiten manchmal sogar zehn Pferde lenken.

Wendepunkte
Am schwierigsten war es, die Wagen zu wenden. Manchmal wurden dabei absichtlich Unfälle verursacht!

WAS NOCH?

Nach den Rennen gab es am Ausgang Essen gratis, damit die Massen schnell abhauten!

RUHESTÄTTEN

Christen wurden in den Katakomben beigesetzt, alle anderen Bewohner Roms in Gräbern, Mausoleen und *columbaria*. Ein Mausoleum ist ein oberirdisches Grabmal, ein *columbarium* baute man unterirdisch und bewahrte darin die Urnen mit der Asche der Toten auf. Der Begriff *columbarium* ist lateinisch und bedeutet „Taubenhaus". Denn diese Grabkammern hatten kleine Nischen für die Urnen in der Wand und sahen deshalb ein bisschen aus wie ein Taubenschlag.

Trauriger Engel
Der Trauerengel auf dem Protestantischen Friedhof in Rom wurde vor über 100 Jahren vom amerikanischen Bildhauer William Wetmore Story für das Grab seiner Frau geschaffen.

Dauermieter
Viele Römer zahlten „Miete" für ein *columbarium*, um sich einen Platz für ihre Urne zu sichern. Manche ließen auch eine Gedenktafel oder eine Büste anfertigen, die später zu ihren sterblichen Überresten gestellt werden sollte.

GRAB-GESCHICHTEN

Auf dem Protestantischen Friedhof schleichen wohlgenährte Katzen zwischen den Gräbern berühmter Künstler, Schriftsteller und Wissenschaftler umher. Nebenan steht eine alte Pyramide, die als Grab für einen reichen Richter erbaut wurde. Forscher öffneten das Grab 1660, aber sie waren nicht die ersten Besucher: Es war schon vor langer Zeit geplündert worden.

Ein ruhiges Plätzchen für Cecilia
Reiche und besonders wichtige Römer wurden meist in runden Mausoleen bestattet. Wie in einer ägyptischen Pyramide lagen die Toten in einer Kammer tief im Innern. Das Grab von Cecilia Metella ist eines der schönsten Beispiele für einen Grabbau aus dem alten Rom.

Heißer Ofen!
Der Bäcker Eurysaces war offensichtlich stolz auf sein Handwerk. Sein Grab hat die Form eines Ofens, und am oberen Rand des Grabmals sind Bilder zu sehen, die den Ablauf des Brotbackens zeigen.

WAS NOCH?

Die Leichen armer Römer wurden einfach in einer Kiste in den Fluss geworfen.

FEUER UND BLUMEN

Bevor der Campo de' Fiori mit Pflastersteinen ausgelegt wurde, war er eine Wiese, auf der die Armee Militärübungen durchführte. Später fand hier ein Pferdemarkt statt, und der Platz diente sogar als Hinrichtungsstätte. Papst Sixtus IV. ließ die Piazza als Durchgangsstation für Pilger auf dem Weg in den Vatikan umgestalten, und schließlich wurde sie zum Marktplatz.

Platz für Blumen

Das Gelände wurde erst im 15. Jahrhundert bebaut, da es dicht am Fluss lag und oft überflutet wurde. Deshalb wuchsen hier früher viele Blumen.

Giordano Bruno

Clementina

Täglich frisch

Seit über 140 Jahren werden auf dem Campo de' Fiori an sechs Vormittagen in der Woche frische Lebensmittel, Blumen und viel Schnickschnack verkauft.

Limone

Rosa

NICHT SO ROSIG ...

Der Platz hat einen romantischen Namen – *Campo de' Fiori* bedeutet „Blumenfeld". Aber hier sind schlimme Dinge passiert. Die Statue auf dem Campo de' Fiori zeigt den Philosophen Giordano Bruno, der als Ketzer angeklagt und hier im Jahr 1600 auf dem Scheiterhaufen verbrannt wurde.

Arancia

Carciofo

Frutta

Verwandlungskünstler
Am frühen Nachmittag verschwinden die Verkaufsstände, und am Abend füllen sich die Cafés, Läden, Bars und Restaurants rund um den Platz. Dann treffen sich Römer und Touristen zum Essen und Flanieren.

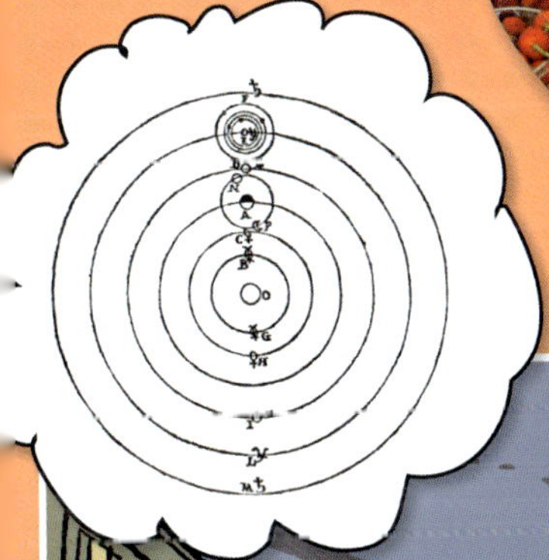

Während der Inquisition starben viele Menschen auf dem Scheiterhaufen.

WAS NOCH?

Rundumblick – www.360cities.net/image/campo-de-fiori

DER HAFEN VON ROM

Wilde Tiere für die Spiele im Kolosseum, Lebensmittel, Baumaterial und jede Menge Krimskrams landeten im Hafen von Ostia und wurden auf dem Tiber nach Rom gebracht. Mit der Zeit änderte sich der Lauf des Flusses, und Ostia verlor an Bedeutung. Heute, einige Jahrhunderte später, kannst du die Ruinen der Stadt bewundern.

FORT FÜR FLOTTE

Ostia zog schon früh viele Siedler an, weil es in der Nähe Salzpfannen gab. Salz war für die Römer wichtig, um Fleisch zu konservieren. Die frühen Herrscher Roms bauten ein großes Fort in Ostia, um Eindringlinge abzuwehren, die ins Landesinnere vorstoßen wollten. Rund um das Fort wuchs eine blühende Hafenstadt.

Arbeitstiere
Malereien und Mosaike beweisen, dass Kamele und Elefanten in Ostia als Lasttiere eingesetzt wurden. Die Knochenreste, die man fand, deuten darauf hin, dass sie nicht besonders gut behandelt wurden.

KRACH IM KÄFIG

Für die Römer waren wilde Tiere aus allen Teilen ihres großen Reiches eine Riesenattraktion. Das Gebrüll wütender Löwen, Leoparden und Tiger, das Kreischen von Affen und das Trompeten verängstigter Elefanten hallten über das Wasser, wenn Boote in Ostia einliefen. Das Geschrei der eingesperrten Tiere kündigte das grausige Spektakel im Kolosseum an.

Tierischer Nachschub
Um die Zuschauer im Kolosseum und private Tiersammler bei Laune zu halten, suchten Jäger nach immer neuen Tieren. Zebras, Giraffen, Flusspferde, Kamele, Nashörner und sogar Krokodile gingen in Ostia von Bord.

HANDELSZENTRUM

Ostia war ein einziger riesiger Marktplatz. Händler kamen aus allen Teilen des Reiches und mischten sich unter die Kaufleute und Beamten der Stadt. Sie pflegten Geschäftskontakte im Badehaus und feilschten um ihre Produkte im Forum Romanum.

Randvoll mit Geschichte
In Tonkrügen, *amphoren* genannt, transportierte man Öl, Wein, Oliven und andere Lebensmittel. *Amphoren* von gesunkenen Schiffen, die ans Ufer gespült wurden, geben Historikern heute Hinweise darauf, wie weit die Römer reisten.

Schwerstarbeit
Um Tierkäfige und Marmorklötze von den Schiffen ans Ufer zu bringen, benutzten die Römer Flaschenzüge und Kräne, die von Sklaven und Elefanten angetrieben wurden.

WAS WURDE IMPORTIERT?

- Getreide
- Öl
- Wein
- Marmor
- Tiere

WAS NOCH?

Die Ruinen sind unter dem Namen Ostia Antica bekannt – www.ostia-antica.org

Diana, Göttin der Natur und der Jagd
Um alles Natürliche und Reine kümmerte sich Diana. Sie war die Göttin der Jagd, des Mondes, der Fruchtbarkeit und der Geburt. Sie galt aber auch als Schutzheilige der Sklaven.

AMOR

Sein Name ist lateinisch und bedeutet „Liebe". Amor war ein Junge mit Flügeln und der Sohn von Venus, der Göttin der Liebe und Schönheit. Wer von einem seiner Pfeile getroffen wurde, verliebte sich auf der Stelle.

JEDE MENGE GÖTTER

Die alten Römer verehrten zahllose Götter und Göttinnen. Jede Gottheit war für einen anderen Lebensbereich zuständig. Manche waren ungeheuer wichtig, wie die Götter für Jagd, Krieg, Wetter und Weisheit. Andere waren für die kleinen Dinge des Alltags zuständig, etwa fürs Kochen, Putzen oder das Öffnen der Haustür! Götter und Göttinnen haben überall in Rom Spuren hinterlassen.

MACHTSYMBOLE

Jede Gottheit hat besondere Kennzeichen, die ihre Fähigkeiten verkörpern. Das Symbol des höchsten Gottes Jupiter waren beispielsweise Blitze. Themis, die Göttin der Gerechtigkeit, wurde mit zwei Waagschalen dargestellt.

Juno, die Königin der Göttinnen
Als Beschützerin des Römischen Reiches war Juno auch als Regina („Königin") bekannt. Auf Münzen wurde sie mit Schale und Zepter dargestellt.

STRASSENSCHREIN

Die römischen Götter sind heute nicht mehr so angesagt. Dafür gibt es in der Stadt jede Menge christliche Zeugnisse. Dies ist ein Heiligtum für die Jungfrau Maria.

Neptun, Gott des Meeres
Der Dreizack von Neptun erinnert an einen alten Speer zum Fischefangen und ist ein Symbol der Macht. Neptun benutzte ihn, um Blitze anzuziehen, Wasser aufzuwühlen und Erdbeben zu verursachen. Er ist ebenfalls Schutzpatron der Pferde und Pferderennen.

Merkur, Gott des Handels
Als Gott des Handels und der Reisenden musste Merkur flink sein. Er trug deshalb geflügelte Sandalen und einen Hut mit Flügeln.

Minerva, Göttin der Weisheit
Die vielseitige Minerva war nicht nur die Göttin der Weisheit, sondern auch für Medizin, Künste, Wissenschaft, Handel und Krieg zuständig. Sie erfand die Zahlen und Musikinstrumente.

Mars, Gott des Krieges
Anfangs war Mars der Frühlingsgott; er kümmerte sich um Wachstum, Fruchtbarkeit und das Vieh. Später wurde er zum Gott des Todes und schließlich zum Kriegsgott.

WAS NOCH?

Die Gottheiten Janus, Mars, Maia und Juno liehen einigen Monaten ihre Namen.

SIEBEN HÜGEL? ZÄHL NACH!

Lange bevor Rom gegründet wurde, entstanden auf den sieben Hügeln kleine Siedlungen. Hin und wieder versammelten sich ihre Bewohner, und irgendwann schlossen sie sich zu einer einzigen Gemeinde zusammen. Sie begannen, die sumpfigen Täler zwischen den Hügeln trockenzulegen und veranstalteten dort Märkte. So entstand Rom – es wurde ganz sicher nicht an einem Tag erbaut!

Hügelchen
Die sieben Hügel waren nicht sehr hoch. Der höchste ragte 64 m in die Landschaft.

I

Quirinal
Auf dem höchsten der sieben Hügel befindet sich der Palazzo del Quirinale, der Amtssitz des italienischen Präsidenten.

Caelius
Dieser Hügel war früher eine Wohngegend für reiche Leute. In der Umgebung der Thermen von Caracalla – wo die Römer badeten, zur Toilette gingen und Freunde trafen – fanden Archäologen Überreste von luxuriösen Häusern.

IV

II

Viminal
Der kleinste Hügel wurde als letzter ins Stadtgebiet eingegliedert. Hier steht heute der römische Hauptbahnhof Termini.

III

Kapitol
Einst stand hier ein Tempel für Jupiter, den König der Götter. Heute ist der Hügel bekannt für einige Plätze und Bauten, die Michelangelo entworfen hat. Er starb aber vor ihrer Fertigstellung. Das Kapitol in Washington ist nach diesem Hügel benannt.

AUCH INTERESSANT …

Der Pincio – oder Gartenhügel – gehört zwar nicht zu *den* sieben Hügeln Roms, er liegt aber auch innerhalb der Stadtmauern. Heute beherbergt er einen bekannten Park und die Kunstsammlung der Villa Borghese.

Die sieben Hügel

Ianiculum (Gianicolo)

Dieser Hügel wird manchmal zu den Ursprungshügeln Roms gezählt. Aber das ist Quatsch! Trotzdem bietet er eine tolle Aussicht über die Stadt. Auf seiner Spitze steht eine riesige Statue des Freiheitshelden Giuseppe Garibaldi. Er spielte eine wichtige Rolle im Kampf um die Einigung Italiens.

VI Esquilin

Eine Seite des Esquilin diente früher als Müllhalde und Massengrab für die Armen. Heute ist der Hügel berühmt für Kaiser Neros „goldenes Haus" und die Kirche Santa Maria Maggiore.

V Aventin

In dieser reichen Gegend findet man auf einem Platz, kurz hinter einem Orangengarten in der Via di Santa Sabina, eine schwere, grüne Tür. Wer durchs Schlüsselloch guckt, blickt direkt auf den Petersdom!

VII Palatin

Der Legende nach war der Palatin der Ort, an dem Romulus seine Stadt gründen wollte. Reiche Römer bauten hier ihre Anwesen, damit sie in der Nähe des Forums wohnen und eine schöne Aussicht genießen konnten. Die Ruinen kaiserlicher Paläste machen den Palatin heute zu einem Freilichtmuseum.

WAS NOCH? Vom Palatin, wo die Reichen und Mächtigen der Stadt lebten, stammt das Wort „Palast".

GENIALE BAUMEISTER

Seit vielen Jahrhunderten wundern sich die Menschen, warum das Pantheon immer noch steht. Wir müssten uns heute ganz schön anstrengen, um ein ähnlich stabiles Bauwerk zu schaffen. Das Pantheon ist der weltgrößte Kuppelbau aus Beton ohne Stahlverstärkung.

Letzte Bleibe für Promis
Das Pantheon ist auch ein Grabmal. Könige, Maler, Komponisten und Architekten sind hier begraben.

Die Kuppel
Das Pantheon ist besonders für seine Kuppel berühmt. Sie ist so riesig, dass die Wände, die sie tragen, aus 6 m dickem Beton gebaut wurden!

ALLER GUTEN DINGE SIND DREI!

Das Pantheon wurde dreimal neu gebaut. Die ersten beiden Bauwerke brannten nieder, aber das dritte Pantheon steht schon seit fast 2000 Jahren. Ursprünglich war es allen Göttern geweiht, doch im Jahr 609 wurde es dem Papst übergeben. Seitdem ist es eine katholische Kirche.

Das frühe Pantheon

Das Pantheon seit 120 v. Chr.

Steinhart
Heute weiß man, dass die Römer den Beton erfanden. Sie verwendeten dafür Vulkanasche, Kalkstein und Steine. Aber niemand weiß, wie sie den Beton des Pantheons so langlebig machten.

Kein gewöhnlicher Tempel
Von außen sieht das Pantheon mit seinen acht hohen Säulen aus wie ein gewöhnlicher griechischer Tempel. Aber im Innern ist es riesig: 43 m hoch und genauso breit!

EIN LOCH?

In der Mitte der Kuppel ist ein Loch, das *oculus* genannt wird. Es hat einen Durchmesser von 8 m und ist die einzige Lichtquelle der Kirche. Der Lichtkegel wandert im Tageslauf durch den Raum.

Abflüsse
Regenwasser, das durch den *oculus* fällt, fließt durch kleine Löcher im Boden ab. Eine gute Idee!

WAS NOCH?

Das Pantheon – www.roma-antiqua.de/antikes_rom/marsfeld/pantheon

Das Erbe bewahren
Das Kolosseum beweist, was für geniale Baumeister die alten Römer waren. Erdbeben, Plünderungen, Touristenhorden, Luftverschmutzung und der starke Verkehr haben ihm nichts anhaben können. Es hat 2000 Jahre überdauert, aber wie lange können wir es noch bewahren?

STADT DER RUINEN

Rom ist eine der beeindruckendsten antiken Städte der Welt. Überall sind Ruinen zu sehen, die von der bewegten Geschichte der Stadt erzählen. Und es gibt noch viel mehr zu entdecken! Man braucht nur irgendwo in Rom etwas tiefer zu graben und stößt garantiert auf irgendetwas Uraltes!

Das Forum Romanum heute
Als das Forum verfiel, wurden Teile der Gebäude abtransportiert und als Baumaterial benutzt. Das ganze Gelände versank unter Bergen von Müll. Erst vor 100 Jahren begann man, das Forum wieder auszugraben.

AUSLESE

Für Archäologen ist Rom eine Fundgrube. Aber sie brauchen sehr viel Geduld für ihre Arbeit. Zu den Aufgaben eines Archäologen gehört auch, die Ruinen zu bewahren und zu schützen. Aber zuerst müssen alle Funde sorgfältig untersucht werden!

Beim Bau der neuen U-Bahnlinie in Rom werden immer wieder interessante Entdeckungen gemacht.

Das Forum Romanum damals
Alle großen Ereignisse im alten Rom fanden auf dem Forum statt. Es war das Zentrum des Handels, der Politik und des religiösen Lebens.

WAS NOCH?

Das Forum im Rundumblick – www.arounder.eu/fori/lucaemartinafullscreen.mov

WASSERWUNDER

Mitten auf dem Trevi-Brunnen thront die Skulptur eines Gottes. Er steht in einer Muschel, die von zwei Seepferden gezogen wird, und Tritonen (Meeresboten) versuchen, die Pferde anzutreiben. Es heißt, wenn man eine Münze in den Brunnen wirft, wird man irgendwann nach Rom zurückkehren – aber nur, wenn man sie mit der rechten Hand über die linke Schulter wirft!

Der Name sagt alles
Auf Italienisch bedeutet *tre vie* „drei Wege". Der Name des Brunnens hat mit den drei Straßen zu tun, die auf der Piazza di Trevi zusammentreffen.

DAS WHO'S WHO DES TREVI

Der Trevi-Brunnen wurde von Papst Clemens XII. in Auftrag gegeben und von dem Bildhauer Nicola Salvi entworfen. Die Arbeiten, an denen viele Künstler beteiligt waren, begannen 1732 und dauerten ganze 30 Jahre. Salvi selbst starb noch vor der Fertigstellung. Die zentrale Figur des Brunnens ist Neptun, der Gott des Meeres und der Pferde.

Für einen guten Zweck
Jede Woche werden Tausende Euros aus dem Brunnen gefischt und dem Wohlfahrtsverband Caritas gespendet. Davon werden Essen und Kleidung für Bedürftige gekauft.

WAS NOCH?

Piazza di Trevi ☆ Der Trevi-Brunnen – www.trevifountain.net

ERFINDUNGSREICH!

Viele italienische Erfindungen benutzen wir jeden Tag, zum Beispiel die Espressomaschine, das Telefon oder Batterien. Und schon die alten Römer waren einfallsreich! Die Waffen, die sie entwickelten, halfen ihnen dabei, fremde Städte einzunehmen und ihr Reich auszudehnen.

HOCHSPANNUNG

Elektrizität messen wir in Volt, weil es Alessandro Volta war, der die erste elektrische Batterie erfand. Sie ist auch als „Voltasche Säule" bekannt, weil sie aus übereinander gestapelten Metallplättchen bestand.

Espresso
1901 erfand Luigi Bezzera die Espressomaschine, die mit heißem Dampf rasend schnell Kaffee brühen konnte.

Nitroglycerin
Der Chemiker Ascanio Sobrero entwickelte 1846 Nitroglycerin, das heute immer noch in der Medizin und als Sprengstoff eingesetzt wird.

Batterie
Alessandro Volta fand heraus, dass Strom erzeugt wird, wenn verschiedene Metalle aufeinandertreffen. Ihm haben wir die Batterie zu verdanken.

NEUE WAFFEN

Früher baute man Mauern zum Schutz der Städte. Die alten Römer erfanden Waffen, die über die Mauern schossen, und Geräte, mit denen sie in die Städte eindringen konnten. Das war der Beginn moderner Kriegsführung.

Telefon
Der Italiener Antonio Meucci erfand 1871 einen Fernsprechapparat. Der Schotte Alexander Bell entwickelte daraus das Telefon.

Brillengläser
Salvino D'Armate soll bereits 1284 die erste tragbare Brille erfunden haben.

Thermometer
Santorio Santorio entwarf das erste Gerät, mit dem man die Temperatur messen konnte – ein Thermometer.

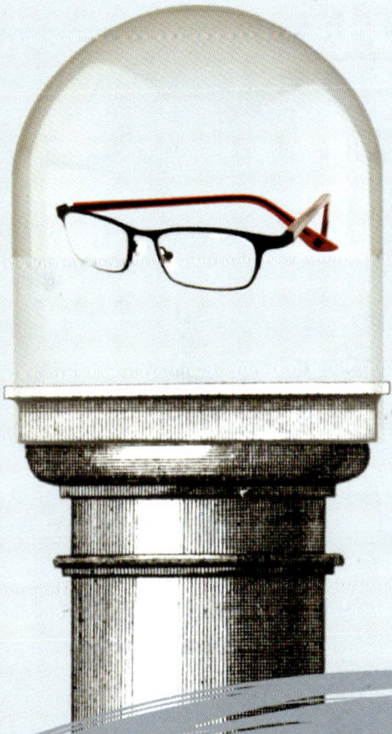

Bartolomeo Cristofori war Instrumentenbauer und entwickelte für den toskanischen Großherzog das Klavier.

WAS NOCH?

Das Explora Museum in Rom – www.mdbr.it

SPRECHENDE STEINE

Was machst du, wenn du glaubst, dass dich jemand anlügt? Kein Problem! Bring ihn einfach zum Mund der Wahrheit – die Römer nennen ihn Bocca della Verità. Der Legende nach beißt der Mund jedem Lügner die Hand ab!

Ungelogen!
Man glaubt, dass der Mund der Wahrheit Teil eines Brunnens oder vielleicht auch ein alter Gullideckel war. Vor 500 Jahren wurde er in die Kirche Santa Maria in Cosmedin gebracht, wo er heute Scharen von Touristen anzieht.

Porta Magica
Dieses alte „alchemistische Tor" steht in einem Park in der Nähe des römischen Hauptbahnhofs. Es heißt, wenn man die geheimnisvollen Inschriften an der Tür richtig deutet, gelangt man durchs Tor in ein unbekanntes Reich.

Die Wächter vor der Porta stellen den ägyptischen Gott Bes dar.

LASST STATUEN SPRECHEN

Vor ein paar hundert Jahren war es verboten, die Regierung oder die Kirche zu kritisieren. Damals schrieben die Leute ihre Meinung auf Zettel, schlichen sich nachts aus dem Haus und klebten ihre Botschaften an Skulpturen, die an zentralen Orten der Stadt standen. Diese waren bald als „sprechende Statuen" bekannt.

Berühmte Namen
Die Römer hängen an ihren „sprechenden Statuen" und haben ihnen Spitznamen gegeben. Die erste war Pasquino – und sie gilt heute noch als Botschafterin für Meinungsfreiheit.

WAS NOCH?

Schon im Mittelalter glaubte man, die Bocca della Verità sei ein Lügendetektor!

KUNST FÜR DIE STRASSE

Ganz schön zugekleistert …
Keine Wand in Rom ist sicher vor Plakaten! Sie werben für alles Mögliche: politische Parteien oder das Konzert deiner Lieblingsband.

Auf vielen alten Mauern in Rom haben Graffiti-Künstler ihre Spuren hinterlassen. Manchmal sind es bloß Kritzeleien, manchmal richtige Kunstwerke! Einige Menschen wollen sie entfernen lassen, aber es gibt auch Leute, die die Bilder mögen. Sie wollen, dass Kunst für alle sichtbar auf der Straße zu sehen ist und nicht in Museen oder Kirchen verstaubt. Was denkst du? Sind Graffiti Schmierereien oder Kunst?

GRAFFITI IST DAS ITALIENISCHE WORT FÜR KRATZEN. GRAFFITI WURDEN SCHON VOR URZEITEN ANGEFERTIGT.

Legale Kunst
Rom bietet Künstlern viele Gelegenheiten, ihre Werke zu präsentieren. Es gibt Kunstfestivals wie „100 Maler der Via Margutta“ und jede Menge Ausstellungen auf der Piazza Navona oder am Ende der Spanischen Treppe. Was also treibt Straßenkünstler an?

Vom Fach
Viele Straßenkünstler in Rom nehmen ihr Handwerk sehr ernst, und einige haben sogar eine Profi-Ausbildung. Pflastermaler kopieren gerne Gemälde berühmter Künstler.

In Mode?

Kaffee?

Angeschmiert

Stencils und Paste-ups
„Stencil-Graffiti" entstehen, wenn man Farbe über eine Pappschablone sprüht. Das geht schnell und kann beliebig oft wiederholt werden. „Paste-ups" werden auf Papier gedruckt und dann an eine Wand geklebt.

Mitteilsam
Die Menschen nutzen schon seit vielen Jahrhunderten öffentliche Plätze, um mit Worten oder Bildern ihre Meinung auszudrücken. Wie überall ist es natürlich auch in Rom verboten, einfach so Wände oder Straßen zu bemalen. Aber mit Sprühdosen und Stiften geht das so schnell, dass man selten dabei erwischt wird.

WAS NOCH?

«Aufidius war hier.» – Vor 2000 Jahren waren Graffiti auch nicht fantasievoller …

MEISTERHAFTE MOSAIKE

Kirchen sind nicht nur zum Beten da, sie sehen auch toll aus! In der Santa Maria Maggiore durften sich viele Künstler austoben. Sie verzierten die Wände mit echtem Gold, hinterließen verrückte Muster auf dem Boden, legten aus winzigen Mosaiksteinen Actionszenen und formten lebensechte Statuen aus Marmor. Man muss nicht viel über Religion oder Kunst wissen, um diese Meisterwerke genießen zu können!

Jung geblieben
Der innere Teil der Kirche wurde vor 1500 Jahre erbaut und hat sich seitdem kaum verändert. D äußere Hülle ist noch nicht mal 300 Jahre alt!

Eine Kirche für Maria
Die Kirche ist Maria gewidmet, der Mutter von Jesus. Sie heißt Santa Maria Maggiore (Groß-Sankt-Marien), denn sie ist die größte Marienkirche Roms.

SCHNEESPUREN

Der Legende nach ist Papst Liberius eines Nachts im Jahr 358 n. Chr. die Jungfrau Maria im Traum erschienen. Sie gab ihm den Auftrag, eine neue Kirche zu bauen. Der Standort sollte am nächsten Tag durch Schnee markiert sein. Tatsächlich lag am nächsten Morgen auf dem Esquilin Schnee – und das im Hochsommer!

SCHNEEFLÖCKCHEN, WEISSRÖCKCHEN

Jedes Jahr am 5. August wird der wundersame Ursprung der Kirche gefeiert. Im Sommer schneit es bekanntlich selten, deshalb lässt man stattdessen weiße Blütenblätter von der Kuppel rieseln.

Spannende Bildgeschichten
Lange bevor es Fernsehen gab, sorgten Kirchen für Abwechslung: Mosaike aus buntem Marmor und Gold erzählten spannende Geschichten.

WAS NOCH?

Blick ins Innere – www.panoramas.dk/fullscreen/fullscreen46.html

FUSSBALLFIEBER

Es gibt nur eine Sache, die Römer noch mehr lieben als ihr Essen, und das ist Fußball. *Il calcio*, wie er in Italien heißt (von *calciare*, auf Deutsch „treten"), ist ein nationaler Kult. Die beiden großen römischen Vereine heißen Roma und Lazio und spielen in der Serie A, der italienischen Topliga. Ein Römer kann sich seinen Lieblingsverein nicht aussuchen – er wird ihm schon von seiner Familie in die Wiege gelegt.

Sportler aus Marmor
Das Foro Italico ist der bedeutendste Sportkomplex der Stadt. Sein Stadio Olimpico ist die Spielstätte von Roma und Lazio. Auch das Stadio dei Marmi mit vielen Athletenstatuen aus Marmor gehört dazu.

DIE WÖLFE

Die gelbrote (*Giallorossi*) Hälfte der Römer feuert die Associazione Sportiva Roma an. Der 1927 gegründete Verein war dreimal italienischer Meister, zuletzt in der Saison 2000/2001. Das Vereinssymbol ist eine Wölfin mit den Zwillingsbrüdern Romulus und Remus aus der Gründungslegende Roms.

DIE ADLER

Die weiß-hellblaue (*Biancocelesti*) Hälfte der Römer vergöttert die Società Sportiva Lazio. Sie wurde 1900 gegründet und war zweimal Landesmeister, zuletzt in der Saison 1999/2000. Das Vereinssymbol ist der Adler. Das Zeichen geht auf den Legionsadler (*aquila*) zurück, das Symbol, das die alten Römer im Kampf trugen.

Klasse Kicker
Profi-Fußballer wie der ehemalige Roma-Stürmer Jérémy Ménez (unten links) und der ehemalige Lazio-Stürmer Mauro Zárate werden in Rom wie Götter verehrt.

Farbe bekennen
Fanatische Anhänger, *ultras* genannt, singen Lieder, schwenken Fahnen und zünden Bengalfeuer, vor allem wenn Roma gegen Lazio spielt.

WAS NOCH?

Fußball in Rom – www.fussballportal.de/news/international/italien

Flamingo als Festschmaus
Flamingozunge und gefüllter Flamingo waren im alten Rom Delikatessen! Die Römer liebten auch Überraschungen – was wie Schweinebraten aussah, entpuppte sich als Dessert.

HAU REIN!

Wer die Nudel erfunden hat, ist immer noch nicht ganz klar. Aber die meisten Menschen denken an Italien, wenn sie Spaghetti essen. Und die Pizza gehört natürlich auch dazu! Römische Soldaten ließen Pizza auf ihren Schilden backen – vielleicht ist sie ja deshalb in Rom so dünn. Belegt wird sie hier jedenfalls mit wenigen, aber heißen und frischen Zutaten.

Was darf's denn sein?
Die römische Küche verwendet seit Langem die Innereien vom Rind. Sie werden *quinto quarto* genannt, das „fünfte Viertel". Es gibt Rezepte mit Rinderschwanz, Pansen (Kutteln) und anderen Innereien. Kalbfleisch wird oft als *Saltimbocca* zubereitet. Das bedeutet „spring in den Mund" (weil es so gut schmeckt). Und wenn Peperoni im Haus sind, lieben Römer ihre Soße *arrabbiata* („wütend")!

Pasta

Jede Gegend in Italien hat ihre eigenen Nudeln. In Rom sind *bucatini* und *tonnarelli* beliebt. Beide Nudelsorten ähneln Spaghetti, aber *bucatini* sind dicker und innen hohl, während *tonnarelli* eckiger sind. Pastasoßen werden oft mit *guanciale* – Schweinebacke – und *pecorino* – Schafskäse – zubereitet.

Fischsoße

Liquamen, eine salzige Soße aus fermentierten Fischinnereien, war im alten Rom so verbreitet wie bei uns heute Ketchup.

Alle lieben Pizza

Da die römische Pizza so dünn ist und nur wenig Belag hat, kannst du im Restaurant eine ganze Pizza für dich allein bestellen. Imbisse verkaufen Pizza zum Mitnehmen (*pizza al taglio* oder *pizza rustica*): Du suchst dir einfach an der Theke eine Sorte aus, sagst, wie viel du willst, und zahlst nach Gewicht.

Liquamen-Rezept – www.rezepterang.de/saucen/saucen_1368.html

DAS JÜDISCHE VIERTEL

1555 befahl Papst Paul IV., dass alle Juden in Rom in ein kleines ummauertes Viertel ziehen sollten. Dieses Viertel nannte man Getto, und seine Tore wurden nachts verschlossen. Wenn Juden das Getto tagsüber verlassen wollten, mussten sie ein gelbes Kennzeichen tragen. Es dauerte 300 Jahre, bis Juden dieselben Rechte wie andere Bürger erhielten und das Getto aufgelöst wurde.

EIN BISSCHEN GESCHICHTE

- ☆ Im Getto entwickelte sich eine eigene Sprache.
- ☆ Juden mussten katholische Gottesdienste besuchen, also benutzten sie Ohrenstöpsel!
- ☆ Jüdische Ärzte durften keine Christen behandeln.
- ☆ Jüdische Kinder wurden manchmal entführt und zwangsweise zum Christentum bekehrt.

Getto-Gerichte
Im Getto gab es nicht viele Lebensmittel. Deshalb frittierte man das Essen, um länger satt zu bleiben. Artischocken waren leicht zu bekommen. Sie werden in Rom bis heute nach jüdischer Art zubereitet – frittiert, platt geklopft und noch mal gebraten. Lecker!

Koscher
Rom ist schon lange die Heimat einer großen jüdischen Gemeinde. Deshalb entsprechen viele typisch römische Gerichte wie gesalzener Kabeljau oder gebratene Zucchini, den jüdischen Speisevorschriften.

RAUS AUS DEM GETTO

Die Große Synagoge, das wichtigste jüdische Gotteshaus in Rom, wurde gebaut, nachdem das Getto aufgelöst worden war. Sie ist kaum zu übersehen: Das hohe Gebäude mit der viereckigen Kuppel sieht ganz anders aus als andere Kultstätten.

Damals

Anfangs lebten etwa 3000 Juden im Getto, und alle benutzten nur einen einzigen Trinkwasserbrunnen. Kurz bevor das Getto geschlossen wurde, waren es Tausende mehr. Sie hausten in dunklen, stickigen Wohnblöcken.

Heute

Heute ist das ehemalige Getto ein Paradies für Feinschmecker und ein Zentrum der Kunst. Es gibt keine Mauern oder Tore, aber man erkennt an den hebräischen Ladenschildern und den Davidsternen in den Schaufenstern, dass hier früher das jüdische Viertel war.

WAS NOCH?

Die Große Synagoge – www.schwarzaufweiss.de/rom-reisefuehrer/synagoge.htm

Septimius-Severus-Bogen
Der Triumphbogen aus weißem Marmor wurde zu Ehren von Kaiser Septimius Severus nach seinem Sieg über die Parther errichtet.

Castel Sant'Angelo – ein Kaisergrab
Kaiser Hadrian ließ die Engelsburg 123 n. Chr. als Grabmal für sich und seine Familie errichten. Kaiser Antoninus Pius vollendete es 16 Jahre später. In den 100 Jahren danach wurde hier die Asche aller Kaiser aufbewahrt.

DENKMAL-PARADE

Wichtige Menschen lassen gerne große Denkmäler von sich anfertigen, damit sich jeder daran erinnern kann, wer sie waren und was sie vollbrachten. Rom ist mit solchen Monumenten übersät. Einige sind alt und verfallen, andere ganz modern.

MONUMENT ODER MONSTRUM?

Dieser riesige Klotz wurde für den ersten König des modernen Italien errichtet: Viktor Emanuel II. Er hat mehrere Spitznamen, z. B. Schreibmaschine oder Hochzeitstorte. Die Römer mögen die Aussicht von ganz oben – von dort müssen sie den Bau nicht sehen!

EIN BISSCHEN GESCHICHTE

- Die Statue muss etwa 12 m groß gewesen sein.
- Nur der Kopf, eine Hand, Teile der Arme und Beine und die Füße sind erhalten.
- Der Kopf ist rund 2,5 m groß, und die Füße sind jeweils über 2 m lang.
- Die Statue saß einst auf einem Thron im Forum Romanum.
- Die Teile wurden 1486 in den Forum-Ruinen gefunden.

Mein linker Fuß
Dieser Fuß gehörte zu einer riesigen Statue des römischen Kaisers Konstantin der Große. Er regierte etwa 50 Jahre und machte das Christentum zur wichtigsten Religion des Römischen Reiches. Kopf, Arme und Beine waren aus Marmor.

WAS NOCH?

Der Konstantin-Koloss im Palazzo dei Conservatori – www.museicapitolini.org

SCHWERES SPIEL

Schauspieler im alten Rom mussten wohl oder übel witzig sein, wenn sie Erfolg haben wollten. Denn angesichts der täglichen Gewalt und des Elends wollten die Zuschauer Komödien sehen, vor allem Sketche, die Beamte aufs Korn nahmen. Die Römer liebten auch Pantomimen. Dabei sprachen die Schauspieler nicht, sondern stellten die Geschichte nur mithilfe von Masken und Kostümen nach, manchmal auch mit Musik. Frauen durften nicht auf die Bühne, deshalb übernahmen Jungen die Frauenrollen.

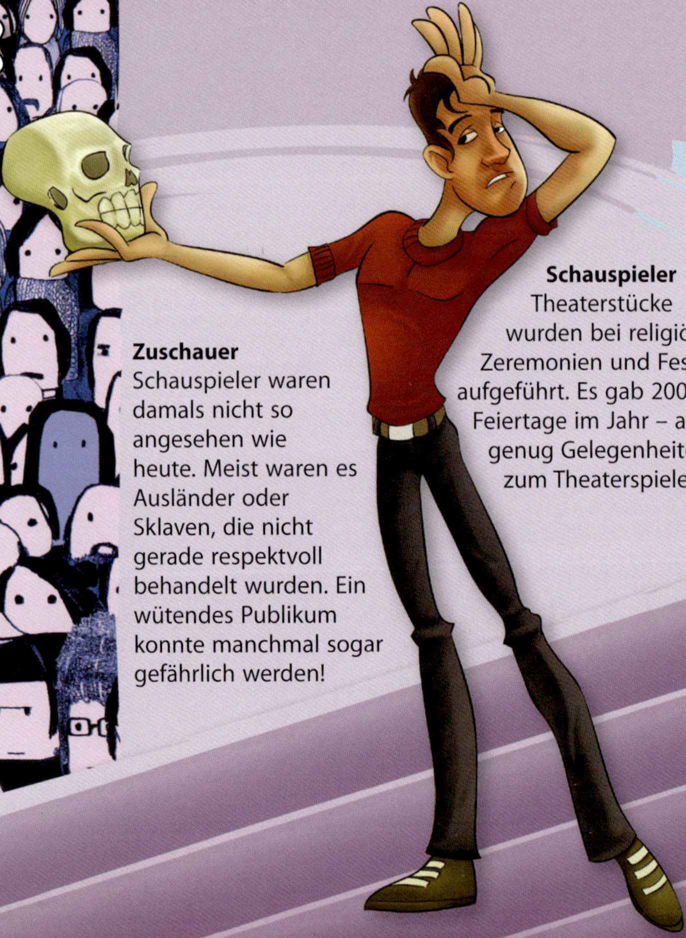

Zuschauer
Schauspieler waren damals nicht so angesehen wie heute. Meist waren es Ausländer oder Sklaven, die nicht gerade respektvoll behandelt wurden. Ein wütendes Publikum konnte manchmal sogar gefährlich werden!

Schauspieler
Theaterstücke wurden bei religiösen Zeremonien und Festen aufgeführt. Es gab 200 Feiertage im Jahr – also genug Gelegenheiten zum Theaterspielen!

BEIFALL AUF BESTELLUNG

Reiche Adlige finanzierten Theateraufführungen als ein Geschenk an die Götter und das Volk. Dahinter stand nicht immer Spendierlaune, sondern der Wunsch nach Beliebtheit, Macht und Ansehen. Manchmal wurden die Zuschauer sogar bezahlt, damit sie im richtigen Augenblick mit den Fingern schnipsten, klatschten und Tücher schwenkten!

Das Theater von Ostia
In den Ruinen der alten römischen Hafenstadt Ostia Antica ist ein Theater erhalten geblieben. Hier fanden rund 4000 Zuschauer Platz. Ein Teil des Theaters konnte bei Bedarf mit Wasser gefüllt werden.

Sein oder Nichtsein in Rom
In Rom steht seit 2003 ein originalgetreuer Nachbau des Londoner Globe-Theaters, in dem Shakespeare vor 400 Jahren seine Stücke aufführte. Ein einheimischer Bauunternehmer schenkte es der Stadt.

WAS NOCH?

Das Globe-Theater in Rom – www.romefile.com/culture/globe-theatre-rome.php

VERRÜCKTER VERKEHR

Römische Autofahrer haben kein Problem damit, wenn ihr Wagen nicht in die Parklücke passt. Sie parken trotzdem! Aber die überfüllten Straßen und scheinbar nicht vorhandenen Verkehrsregeln treiben viele Nicht-Römer in den Wahnsinn. Nicht wenige benutzen lieber einen der vielen städtischen Dauerparkplätze, die wochenweise vermietet werden. Sie lassen ihr Auto dort stehen und gehen zu Fuß. Keine schlechte Idee!

Farbenlehre
Beim Parken muss man auf die Farbmarkierungen achten – ein Parkplatz mit weißer Begrenzung ist kostenlos. Blau bedeutet, er ist gebührenpflichtig. Gelb heißt, er ist für Behinderte reserviert.

Verkehrsregeln?
Fahrspuren sind römischen Autofahrern egal! Solange die Richtung stimmt, schieben sie sich einfach irgendwie nach vorn. Das Merkwürdige daran ist: Es funktioniert!

ZWEISITZER

In Rom sind alle möglichen Arten von Zweirädern unterwegs – von Ducati- und Moto-Guzzi-Motorrädern bis hin zu aufgemotzten Mopeds und natürlich flotten Vespas. Der Verkehr in Rom ist so dicht und viele Straßen und Gassen sind so eng, dass die kleinen Flitzer das beste Fortbewegungsmittel in der Stadt sind.

Das Tempo im Blut
Wagenrennen waren im alten Rom ein beliebter Sport. Die Kombination aus Geschwindigkeit und Gefahr berauschte die Zuschauer. Eine ähnliche Mischung regiert noch heute auf römischen Straßen!

SMART IN FAHRT

Parkplätze waren schon immer Mangelware in Rom. Es ist also kein Wunder, dass der winzige Smart dort so beliebt ist. Oft stehen zwei oder drei der kleinen und wendigen Zweisitzer in einer normalen Parklücke.

Klein, aber fein!
Das italienische „Stadtauto" ist der Fiat 500 oder Cinquecento, der zwischen 1957 und 1975 mit einem kleinen 479-cm³-Motor gebaut wurde.

WAS NOCH?

Autofahren in Rom :(– www.roma-online.de/rom-mit-dem-auto.html

TREPPAUF, TREPPAB

Klar, Treppen sind eigentlich für Fußgänger gedacht, aber ein Kolumbianer wollte davon nichts wissen. Vor ein paar Jahren fuhr er mit seinem Auto die Marmorstufen der berühmtesten Treppe der Welt hinunter – der Spanischen Treppe in Rom. Er blieb unverletzt, aber die Treppe war ramponiert! Neben durchgeknallten Autofahrern strömen vor allem Touristen hierher, um sich auf die Stufen zu setzen und zu quatschen. Essen ist allerdings verboten, damit alles schön sauber bleibt.

Lang und breit
Die Spanische Treppe wurde vor fast 300 Jahren mit französischen Geldern finanziert. Sie ist die breiteste Treppe in Europa und hat 138 Stufen. Ganz oben stehen ein römischer Obelisk und die Kirche Trinità dei Monti aus dem 16. Jahrhundert.

Die Kirche oben

Stolpersteine
Manchmal brettern Diebe auf der Flucht oder verwirrte Touristen die Treppe runter.

GANZ OBEN!

Santa Maria in Aracoeli ist eine Kirche aus dem 6. Jahrhundert. Sie steht auf dem höchsten Punkt des Kapitols – einem der sieben Hügel Roms. Besucher müssen 124 Stufen hinaufklettern, um sie zu besuchen.

Ballaballa
2008 kippte ein Witzbold eine halbe Million knallbunter Bälle die Treppe hinunter. Die Stadtverwaltung – die für Sauberkeit und Ordnung auf dem Platz sorgt – fand das gar nicht lustig.

HOCHHEILIGE STUFEN

Vor der Lateranbasilika in Rom gibt es eine weitere berühmte Treppe. Sie wird auch „Heilige Stiege" genannt. Der Legende nach soll Jesus diese Treppe benutzt haben. Vor rund 1700 Jahren soll sie dann von Jerusalem nach Rom gebracht worden sein.

WAS NOCH?

Im Mai wird die Spanische Treppe mit pinkfarbenen Azaleen geschmückt.

TIBERBRÜCKEN

Führt ein Fluss durch eine Stadt, baut man einfach ein paar Brücken, um von einer Seite zur anderen zu gelangen, oder? Für die Römer war das nicht so einfach: Der Tiber fließt schnell und tritt oft über seine Ufer. Gerade wenn sie eine Brücke fertiggebaut hatten, riss eine Flutwelle sie wieder fort. Schließlich bauten die Römer auf jeder Seite des Flusses massive Steinmauern zum Schutz der Ufer.

ENGELS- ODER TEUFELSBRÜCKE?

Die schöne Brücke Ponte Sant'Angelo war Zeuge einiger schrecklicher Ereignisse. 1450 fielen 200 Pilger auf dem Weg zum Petersdom von der Brücke und ertranken. Später ließ man die Leichen hingerichteter Verbrecher als Warnung von der Brücke baumeln!

Ponte Sisto
Diese Fußgängerbrücke wurde Mitte des 15. Jahrhunderts unter Papst Sixtus IV. (daher der Name „Sisto") gebaut. Sie ersetzte eine Seilfähre, die bis dahin die beiden lebhaftesten Viertel der Stadt miteinander verbunden hatte. Die Steine für den Bau stammten aus dem Kolosseum.

DEM TIBER SEI DANK

Durch Rom fließt nur ein kleines Stück des Tibers. Insgesamt ist er aber über 400 km lang! Er entspringt auf dem Monte Fumaiolo und mündet ins Tyrrhenische Meer. Für die alten Römer war er eine natürliche Wasserstraße, auf der sie Getreide, Salz, Vieh und Baustoffe in die Stadt brachten. Auch das Militär nutzte den Fluss als leicht zugänglichen Verkehrsweg.

Ponte Sant'Angelo
Kaiser Hadrian ließ diese Brücke vor 2000 Jahren erbauen. Aber die Engelsstatuen wurden erst vor 400 Jahren aufgestellt – als Dank für einen Engel, der die Pest vertrieb.

Ponte Rotto
Diese von Unkraut überwucherte Brückenruine nennen die Römer auch „kaputte Brücke". Sie wurde vor 2000 Jahren errichtet, aber immer wieder von Fluten zerstört. Etliche Male wurde sie wieder aufgebaut, aber vor 400 Jahren gaben es die Römer schließlich auf.

Ponte Fabricio
Die älteste Brücke in Rom ziert eine viergesichtige Stele von Janus … wie bitte? Janus war ein Gott mit zwei Köpfen, die in entgegengesetzte Richtungen schauten. Eine Stele ist ein Pfeiler aus Stein, und in diesem Fall ist sie mit zwei Janusköpfen verziert – vier Gesichter, die in alle Himmelsrichtungen schauen!

Ponte Cestio
Über diese Brücke fahren Krankenwagen zum Fatebenefratelli-Krankenhaus auf der Tiber-Insel.

EINFACH CLEVER!

Ohne Computer entwickelten die alten Römer Brückenfundamente, die der enormen Kraft des Wassers standhalten mussten. Sie orientierten sich dabei am Schiffsbau: Die spitz zulaufende Seite zeigte flussaufwärts, sodass sich das Wasser teilte und gleichmäßig durch die Bögen floss. Ganz schön schlau, was?

WAS NOCH?

Tiber-Rundumblick – www.360cities.net/image/the-sant-angelo-bridge-rome

WAS GIBT'S NEUES?

Im alten Rom gab es einen großen öffentlichen Platz, das sogenannte Forum Romanum. Wenn etwas Wichtiges passiert war, erfuhr man hier zuerst davon – das Internet gab es ja noch nicht! Hier, in einem ehemaligen Sumpfgebiet zwischen Kapitol und Palatin, schlug das Herz Roms. Aktuelle Fragen wurden erörtert, Entscheidungen getroffen, und auch die Römische Republik wurde auf dem Forum gegründet.

TOD IM THEATER

Der berühmte römische Feldherr Julius Cäsar wurde im Theater des Pompeius ermordet. Eine Gruppe von Senatoren befürchtete, dass Cäsar sich zum König von Rom krönen wollte. Deshalb schlichen sich 60 von ihnen von hinten an und brachten ihn mit 23 Dolchstichen um!

Wer braucht schon Feinde, wenn er solche Freunde hat?

Titus-bogen

Palatin

Cäsar wurde erstochen, als er gerade seinen Platz im Senat einnehmen wollte.

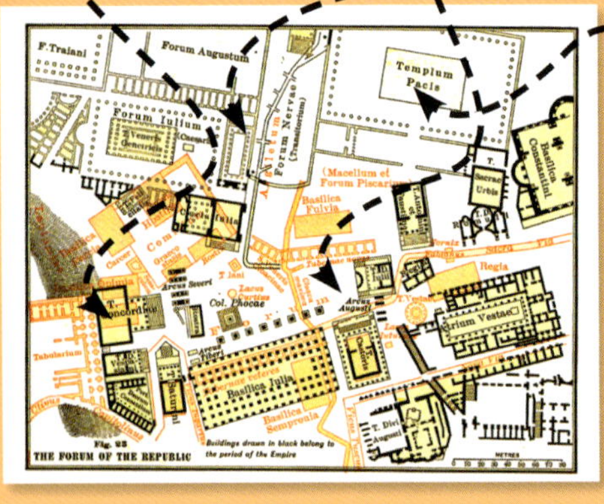

Der Tempel des Antoninus und der Faustina ist heute eine Kirche.

Forum im Wandel
Die rot eingezeichneten Gebäude wurden zur Zeit der Römischen Republik gebaut, die schwarzen später in der Kaiserzeit. Große Teile des Forums sind heute zerstört, da viele Steine für andere Bauten benutzt wurden.

SPRECHSTUNDE

Wer im alten Rom etwas zu sagen hatte, ging zum Forum. Für Redner gab es dort eine eigene Tribüne: die Rostra. Sie stand gegenüber dem Senat, aber viele Redner sprachen lieber zum Volk und zeigten den Politikern die kalte Schulter.

Himmel und Erde

Es gab zwei „Regierungsgebäude" auf dem Forum – eines für die Priester, die sich um religiöse Angelegenheiten kümmerten, und eines für die Politiker, die über gesellschaftliche Fragen berieten.

WAS NOCH?

Das Forum – www.das-forum-romanum.de

Der Weg des Wassers
Das Wasser floss immer von einer höheren zu einer tieferen Ebene. Ein-, zwei- oder dreistöckige Bogenbauten transportierten es über die Täler, Tunnel beförderten es durch Hügel.

Über einen Zeitraum von 500 Jahren wurden in Rom elf Aquädukte erbaut.

WASSER MARSCH!

Die römischen Wasserleitungen, Aquädukte genannt, waren ganz schön ausgeklügelt. Quell- und Schmelzwasser wurden in Tunnel und Rohre umgeleitet und über große Entfernungen weitertransportiert. Die gute Wasserversorgung in den römischen Städten war ein wichtiger Grund für den Erfolg des riesigen Reiches!

FEUER UND WASSER

Die Heizung in den öffentlichen Bädern im alten Rom nannte man Hypokaustum. Sie hielt die Luft warm und das Wasser heiß. Einige reiche Römer hatten sogar ein Hypokaustum bei sich zu Hause. Für die Heizungen mussten Sklaven unter dem Fußboden Holzfeuer in Gang halten.

Rauchfrei
Ein richtig gutes System: Der Rauch gelangte nicht in die Räume, da er über Löcher in der Decke abgeleitet wurde.

Gut verteilt
Wenn das Wasser aus einem Aquädukt in verschiedene Stadtteile umgeleitet werden musste, bauten die Römer ein Verteilerbecken.

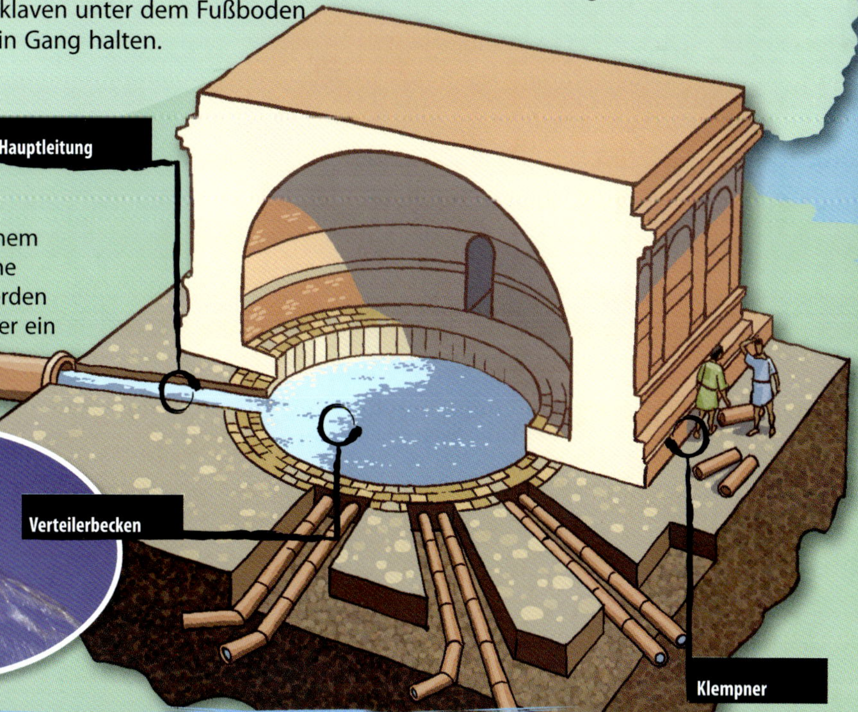

WAS NOCH?

Wasserversorgung im alten Rom – www.antikefan.de/themen/wasser/wasser.html

RUND UM DIE UHR

Wenn du in Rom wissen willst, wann es Mittag ist, brauchst du nicht auf deine Uhr oder dein Handy zu gucken. Denn um Punkt 12 Uhr wird eine Kanone abgefeuert. Warum? Weil es ordentlich rumst und Spaß macht! Aber es gibt natürlich auch einen historischen Grund: Bevor jeder eine eigene Uhr hatte, brauchten die Römer öffentliche Uhren, wenn sie wissen wollten, wie spät es war. Einige Uhren zeigten nur die Gebetszeiten an. Doch der Knall zur Mittagszeit war die offizielle Zeitansage.

EIN BISSCHEN GESCHICHTE

- Die Kanone wird immer noch täglich abgefeuert, allerdings vom Gianicolo-Hügel.
- Im alten Rom hing die Dauer einer Stunde von der Jahreszeit ab, im Sommer war sie länger als im Winter.
- Der Tag wurde in einen Abschnitt vor 12 Uhr mittags *(ante meridiem)* und einen nach 12 Uhr mittags *(post meridiem)* eingeteilt.
- Eine Wasseruhr zu besitzen, war ein Zeichen großen Wohlstands.

Feuer in der Festung
Papst Pius IX. führte 1846 den Brauch ein, um 12 Uhr mittags vom Castel Sant'Angelo eine Kanone abzufeuern. Anschließend läuteten immer die Kirchenglocken.

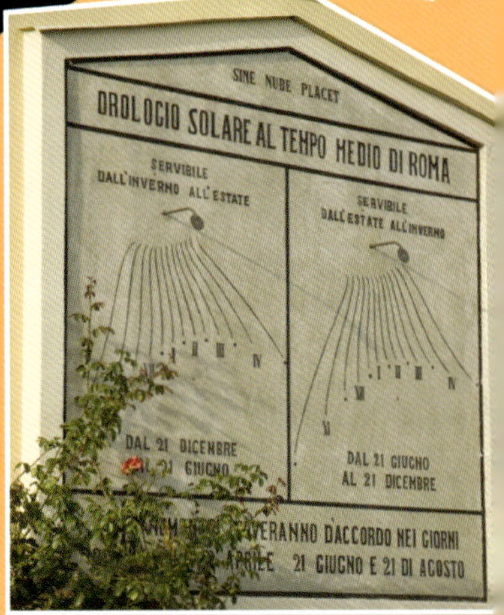

Die Sonne als Zeitmesser
Die Sonnenuhr ist das älteste „Gerät" der Zeitmessung. Anhand der Länge des Schattens lässt sich die Tageszeit bestimmen. Der Nachteil? Ohne Sonnenschein kein Schatten!

SONNIGE ZEITEN

Papst Clemens XI. beschloss 1703, in den Boden der Kirche Santa Maria degli Angeli eine 45 m lange Meridian-Linie aus Bronze einbauen zu lassen. Sie sollte der offizielle Bezugspunkt für die Zeitmessung in Rom sein. Man konnte den Stand der Sonne messen, indem man beobachtete, auf welche der Markierungen auf der Linie im Boden die Sonnenstrahlen fielen. Das funktioniert noch heute!

Der Meridian

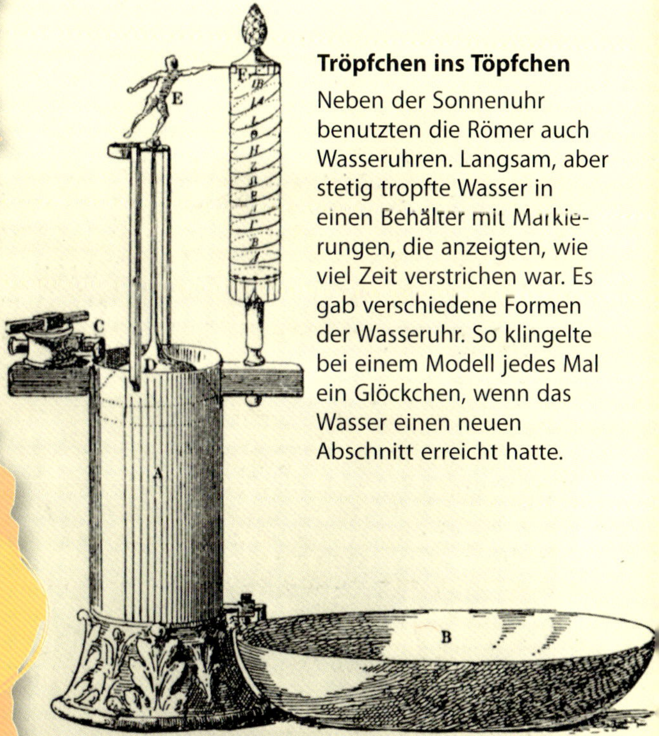

Tröpfchen ins Töpfchen

Neben der Sonnenuhr benutzten die Römer auch Wasseruhren. Langsam, aber stetig tropfte Wasser in einen Behälter mit Markierungen, die anzeigten, wie viel Zeit verstrichen war. Es gab verschiedene Formen der Wasseruhr. So klingelte bei einem Modell jedes Mal ein Glöckchen, wenn das Wasser einen neuen Abschnitt erreicht hatte.

Die Erkenntnisse des Italieners Galilei schufen die Grundlage für die Pendeluhr.

WAS NOCH?

Der Julianische Kalender – www.ortelius.de/kalender/jul_de.php

Michelangelo litt für die Kunst ...

KAPELLE DER KUNST

Rund 4,5 Millionen Menschen besuchen jedes Jahr die Sixtinische Kapelle im Vatikan. Die größten Künstler ihrer Zeit schufen religiöse Kunstwerke an ihren Decken und Wänden, darunter Michelangelo. Manche Leute waren so empört über seine nackten Figuren, dass später Feigenblätter über ihre Geschlechtsteile gemalt wurden!

Geschmackssache ...
Nach der Fertigstellung der Deckenmalerei in der Sixtinischen Kapelle sollte Michelangelo an der Altarwand das Jüngste Gericht malen. Aber die Kirche war über seine „schamlosen" Bilder entrüstet und wollte die nackten Körper bedeckt haben.

Da hat's gefunkt!
Von den Deckengemälden, die Michelangelo in der Sixtinischen Kapelle schuf, ist eines besonders berühmt. Es heißt „Die Erschaffung Adams" und zeigt die Geschichte aus der Bibel, in der Gott dem ersten Menschen Adam den Funken des Lebens einhauchte.

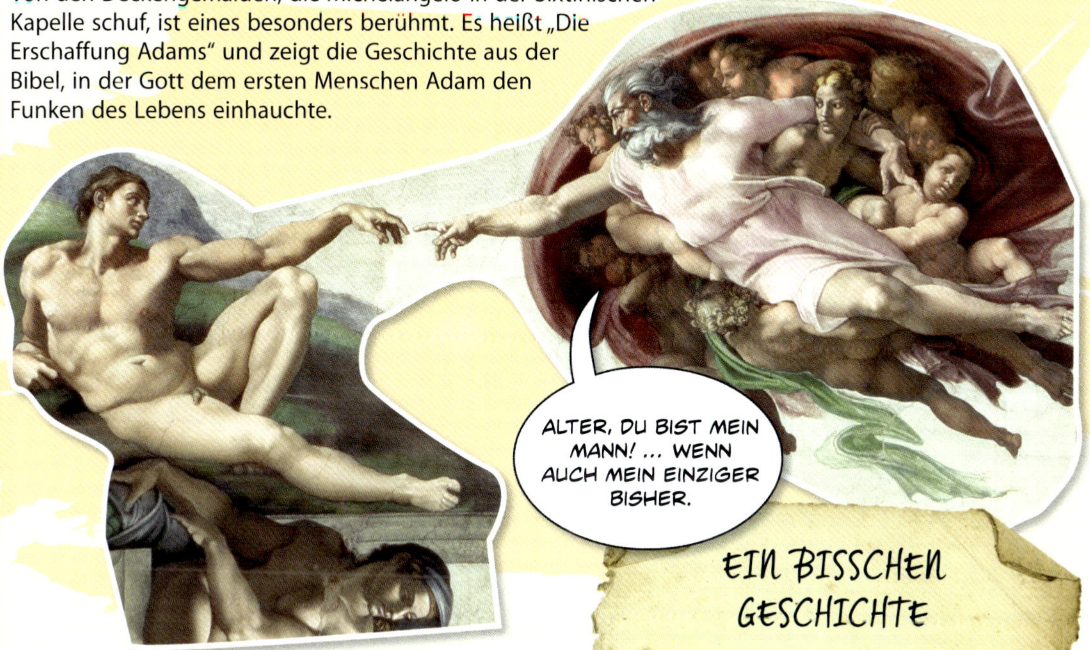

EIN BISSCHEN GESCHICHTE

- Die Malereien sind *Fresken*. Das heißt, sie wurden auf den feuchten Putz aufgetragen.
- Michelangelo war gar nicht begeistert von dem Auftrag, die Decke neu zu bemalen. Er wollte lieber Bildhauer sein.
- Für die Decke brauchte er vier Jahre. Oft musste er in unbequemer Haltung auf hohen Gerüsten arbeiten.
- Er malte insgesamt 300 Figuren auf einer Fläche von 460 m^2.

Einsatzbereit
Die Sixtinische Kapelle ist nicht nur ein Highlight für Kunststudenten und Touristen. Sie ist immer noch eine religiöse Stätte, wo der Papst Messen und Taufen abhält. Hier kommen auch die Kardinäle zusammen, wenn ein neuer Papst gewählt werden muss.

WAS NOCH?
Die Vatikanischen Museen – mv.vatican.va

WELTREKORDE

Papst Julius II. engagierte im Jahr 1506 Soldaten aus der Schweiz als Schutztruppe für den Vatikan, denn sie waren berühmt für ihre Tapferkeit, Treue und Ehrlichkeit. Die Päpstliche Schweizergarde gibt's noch heute! Damit ist sie die älteste noch bestehende Armee der Welt. Und Rom hat noch mehr Weltrekorde zu bieten!

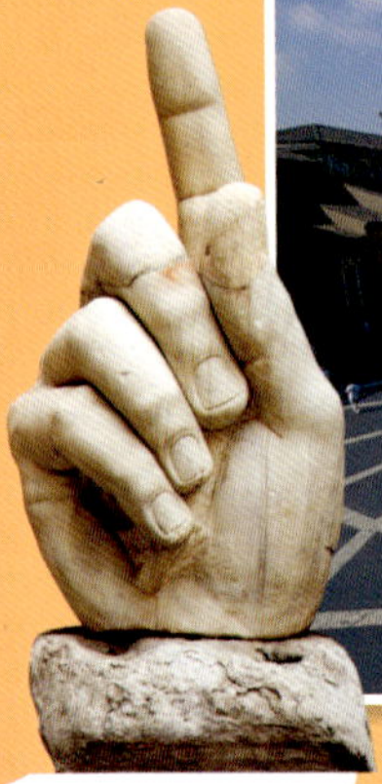

Im Doppelpack

Die Kapitolinischen Museen sind in den Zwillingspalästen an der Piazza del Campidoglio untergebracht. Zusammen halten sie den Rekord als älteste öffentliche Kunstgalerie der Welt.

Treue Beschützer

Heute braucht der Vatikan eigentlich keine Armee zu seiner Verteidigung mehr. Trotzdem ist die Schweizergarde da, um den Papst zu beschützen.

Bombastischer Betonbau
Die Kuppel des Pantheon ist die weltgrößte Kuppel aus unverstärktem Beton. Niemand weiß, wie die alten Römer das geschafft haben!

WINZIGER VATIKAN

Sowohl seine Fläche als auch seine Einwohnerzahl machen den Vatikan zum kleinsten unabhängigen Staat der Welt. Nur etwa 800 Menschen wohnen hier.

Größte Kirche im kleinsten Staat
Der Petersdom im Vatikan ist die größte Kirche der Welt. Hier haben 60 000 Menschen Platz!

WAS NOCH?

Noch mehr Weltrekorde – www.guinnessworldrecords.de

HEISS AUF EIS?

Gelato ist das italienische Wort für Eis, und ein Eisladen heißt dort *gelateria*. Ganz gleich, welche Sorte du am liebsten magst und ob du das Eis im Becher *(coppa)* oder in der Waffel *(cono)* bestellst – ein paar Dinge solltest du über italienisches Eis wissen. Dann bist du ein echter Experte!

Der kleine Unterschied

Gelato ist keine gewöhnliche Eiscreme. Es besteht zwar aus denselben Zutaten wie anderes Eis, enthält aber weniger Fett – und weniger Luft. Außerdem ist *gelato* nur halb gefroren und daher weicher. Wegen dieser Unterschiede schmeckt italienisches Eis meistens nach mehr.

FARBECHT?

Achte darauf, dass die Farbe „echt" aussieht. Zu viel Farbe bedeutet nämlich, dass das Eis chemische Zusätze enthält, um es farbiger zu machen. Erdbeereis sollte nur blassrosa sein, nicht pink. Bananeneis sollte nicht knallgelb sein.

Granita
Gelaterias verkaufen auch *granita* – zerstoßenes, aromatisiertes Wassereis, meist mit Fruchtgeschmack. *Granita* muss regelmäßig umgerührt werden, damit sich die Eiskristalle nicht oben absetzen.

Einige *gelaterias* in Rom sind über hundert Jahre alt!

Folge den Schildern!
Das Schild *produzione propria* heißt, das Eis ist hausgemacht, und *artigianale* bedeutet, dass nur natürliche Zutaten verwendet wurden.

WAS NOCH?

Gelato-Rezept – www.meinlieblingsessen.de/category/dessert/

Abgefahren!
Gerade war noch eine Schlange zu sehen, nun ein Wasserfall – die Treppe des Louis-Vuitton-Shops in Rom ist ein einziger riesiger Plasmabildschirm mit ständig wechselnden Bildern. Er zieht Scharen von Touristen (und Shopping-Verrückten) an.

ZEIT ZUM SHOPPEN

Die meisten Geschäfte im alten Rom waren in Wohnhäusern untergebracht. Manchmal gehörten sie auch zu einem Forum oder einer Badeanstalt – viele Läden an einer Stelle waren eher selten. Heute gibt es zwar ein paar Einkaufspassagen, aber die Römer shoppen immer noch lieber in kleinen Geschäften.

Einkaufsspaziergang
Viele Italiener haben ein gemeinsames Hobby: den traditionellen Abendspaziergang *la passeggiata*. Im Stadtzentrum von Rom wird er schnell zum Schaufensterbummel.

RÖMISCHE RABATTE

Römer lieben Fußball … und Schlussverkäufe! Alle sind verrückt nach den *saldi*, die offiziell nur zweimal im Jahr stattfinden. Die Regierung überwacht die Schlussverkäufe und bestraft Ladenbesitzer, die sich nicht an die Vorschriften halten!

Die Ladenbesitzer in der Via Condotti verlangten früher sogar Eintritt!

Edel einkaufen
Die Shopping-Meile für Edelklamotten ist die Via Condotti in der Nähe der Spanischen Treppe.

WAS NOCH?

Trajansmärkte (antike römische Ladenpassage) – en.mercatiditraiano.it

REGISTER

FÜR ELTERN VERBOTEN!

ROM

Der cool verrückte Reiseführer

Deutsche Ausgabe veröffentlicht von NATIONAL GEOGRAPHIC DEUTSCHLAND (NG Malik Buchgesellschaft mbH), Hamburg 2012
5. Auflage, NATIONAL GEOGRAPHIC DEUTSCHLAND (NG Buchverlag GmbH), München 2017

Produktion der deutschen Ausgabe:
Bintang Buchservice GmbH, www.bintang-berlin.de
Jessika Zollickhofer, Übersetzung
Oliver Kiesow, Lektorat

Umschlaggestaltung:
www.anjagrimmgestaltung.de (Gestaltung)
www.stephanengelke.de (Beratung)

Herstellung:
Gesamtherstellung Verlagshaus GeraNova Bruckmann
ISBN 978-3-86690-266-4

Bildnachweis

Abkürzungen lom=linke obere Mite; lo=links oben; om=oben Mitte; rom=rechte obere Mitte; ro= rechts oben; lm=linke Mitte; m=Mitte; rm=rechte Mitte; lum=linke untere Mitte; lu=links unten; um=unten Mitte; rum=rechte untere Mitte; ru=rechts unten; hg=Hintergrund

20lo, 21lo, 25o, 31ru, 35ru, 40r, lu, 41lm, u, 62ro, lm, 63lo, 64ro, 66lo, 68lm, lu, 71hg, 85ro, 93u **Alamy**; 18r, 28lo, 57lo, 69m **Bridgeman Art Library**; 9lm, 16lu, 17ro, 21ru, 25r, 33ru, 42lu, 48lm, u, 49m, lu, 51ro, 54ro, 54-55, 58m, 60ro, lu, 61lu, 64ru, 70ro, 72l, 73ru, 75hg, ru, 77rm, 78r, 79lu, 80m, lm, 81u, 87o, lu, 88m, 89lo, lu, **Corbis**; 22l, 28lom, om, 37lo, 40ro, 43lm, 44m, ru, 49ro, 52ro, 55ro, ru, 61o, m, ro, 62ru, 63m, 64m, 65hg, m, 66ro, 73lo, 74u, 76m, 77lu, 78lm, m, 79ro, 85ru, 86lo, 86rm, 88o, ro, 90m, 91u, 92u, 93lo, ro, lu, m, rm **Getty Images**; 8lo, 10m, 11lu, 12rm, 15lm, m, 16rm, 17lu, hg, 18rm, 20-21u, 31lm, 32rm, 33lo, lu, 34ru, 36hg, r, 38lu, 42rm, rum, 43lo, m, 46lo, 47, 49rm, 50ro, 51lo, lm, 53lo, ro, 56lm, m, 56-57u, 57m, rm, 58lu, 59lo, 67ro, rm, 73um, 82lo, 85lm, **iStockphoto.com**; 14ro, um, 24ro, 34lo, 39ro, 48rm, 80ru, 81lo **Lonely Planet**; 7ro, 9ro, 10-11hg, 19u, 21ro, 23r, 24lo, 19ru, 32lo, lu, 33lm, 37lu, 47lo, 51lu, 52u, 59rm, 60ru, 69ro, u, 83ro, 92ro **Photolibrary**; 9ru **Scala Archive**; 13lo, ro, 14lo, lu, ru, 15lm, m, u, 18lu, 19o, 22lu, 22-23, 23om, 25o, ro, lu, 30rm, 31ro, 33ro, 34rm, 35ro, 39o, 41r, 42ro, l, u, ru, 43ro, 44rm, um, 45o, 47lu, 48lu, 49lm, rm, 50lu, 51ru, 54lu, 55om, 56rm, ru, 57lm, 59ru, lm, lu, 62ru, 66lu, 66-67o, 67u, 68m, 70lo, lu, ru, 72ru, 75o, rm, 76ru, 78lu, 79rm, 82lu, 84ru, 86u, lu, 89ru, 90r, lu, 91lo, ro, ru **Shutterstock**; 12l, 15r, 37r, 51rm, 59lo, 74rm, 80lu **Wikipedia**

Mehrfachabbildungen mit freundlicher Genehmigung von **iStockphoto.com**

Illustrationen

Umschlag **Chris Corr**

74ro, 75lm, lu, 94ro, lu, 95rom, 95um **Chris Corr**; 80rm **Rob Davis/The Art Agency**; 8lu, 24lu, 26l, ru, 30-31, 43u, 71m, 76-77o, 82lo, 83ru, 84lu **Geraint Ford/the Art Agency**; 7 **Gary Hanna/The Art Agency**; 45u **Adam Hook**; 6lu **Markus Junker/Godd.com**; 6ro, 28lu, 28-29, 38-39 **Malcolm Godwin/Moonrunner Design**; 10lu, 11ro, 23l, 34-35, 73ro **Laurence Porter/KJA-artists**; 12-13u, 46o, u, 47ro, rm, m, lu, 67lu **Francesca D'Ottavi/Wilkinson Studios**; 26-27 **Roger Stewart**; 50m, 53u **Anne Winterbotham**

Karten S. 49, **Peter Bull Art Studio**